朝日新聞の危機と「調査報道」

原発事故取材の失態

谷 久光
（元朝日新聞記者）

同時代社

◆目　次

プロローグ

東京電力の福島第一原子力発電所で、東日本大震災と津波による原子炉の安全装置の複合的な破壊が起き、炉心溶融に至るという深刻な原子炉事故が発生した。その後のこの事故の報道に関して、まず第一に大手メディアの記者が誰一人として主体的に原発事故現場に入っていないが、朝日新聞の東京本社報道局内では、取材態勢を巡ってどのようなことが起きていたのか、第二に事故についての一連の報道が、大戦中の大本営発表を思わせるような東電や政府の発表のいわば垂れ流しが事故報道の主流になったのはなぜか、第三になぜ社会部が現場や直近者のルポルタージュ、内部告発者を探し調査報道といった手法による隠された事実に迫ることに取り組まなかったのか、筆者は主に以上の点について複数の報道局の記者の話を聞いたうえで、社会部OBの立場から考察してみた。

従来の科学がからむ大事故の場合なら、またかつての編集局の体制なら、事故現場の取材に向けて社会部の記者と科学部の記者が連携して写真部も加わり直ちに取材に向かうはずである。

しかし、原子力発電所で原子炉の爆発も起きるかもしれない、また、すでに周辺に放射能が撒き散らされている状況の中で、どう取材態勢を組むべきか、は当然大きな問題になった。ところがこの時期、社会部はそれ以前に行われた組織改革のため「社会グループ」（現在は原発事故のあと社会部に戻した）という名の、警視庁、検察、司法、あとは霞が関の文部科学省や国土交通省、気象庁、宮内庁などの行政機関や都庁のクラブ担当にしぼられ、かつての強力な取材力を持つ機動部隊としての社会部遊軍は数を削られ、相対的に弱体化していた。

その一方で組織改革の際、特別報道グループという、それまでの編集局を横断的につないで、政治、経済、外報、社会、家庭・文化、運動などの各部から腕っこきを集めた組織が作られていて、建前はクラブ制度に縛られない、いわゆるタスクフォースつまり機動遊軍として問題ごとにチームを作って特ダネを追おうという組織が出来ていた。これは社会部などの復権とともに規模は縮小されたが続いている。調査報道も趣旨としてはこのグループが担うことになっている。筆者は、この組織が部際間ニュースの発掘やテーマ企画連載、検証報道を担当するには役立つにしても、政治、経済部が原隊で一時期参加の記者がいるのでは政・官・財・学の癒着を暴く調査報道に対しては機能しないと考えている。このことは後で別項で述べる。

原発事故のあと、「希望者を募って決死隊を編成して現場へ突入すべきだ」との声が、報道局から上がった。一方、社外のとくに社会部ＯＢたちからも「なぜすぐ現場へ行かないのか」といういくつかの声が報道局長室にも寄せられた。

「決死隊」を目指す記者たちは、かつて過去に茨城県東海村で起きたＪＯＣによる臨界事故のあと、社内向けに作られた原子力施設で発生した事故に際してのマニュアルが、今回の原発事故の規模に対しては全く役に立たない内容であることを思い知らされることになる。「決死隊」という言い方が出た背景でもあった。

あらゆる手段を講じてでも原発事故現場へ突入を果たすべきだ、という局内の取材陣は報道局長室の「GUサイン」に期待した。その局長室に、科学部出身の編集担当（役員）補佐が席を持っていた。彼は旧ソ連で起きたチェルノブイリ原発事故の取材経験を持ち原発の巨大暴発事故のいわば体験者だった。その経験をもとに彼や担当の科学医療エディターが進言した方針は「NO」。のみならず福島第一原発から半径三〇キロ圏内にいる全ての記者に、圏外に下がるよう指示を出すことを提案、これが東京報道局長の判断で報道局の基本方針となった。筆者から見ると信じられない思いがするのだが、いま、振り返ってこの方針は正しかった、とする意見を持つ記者の方が多いようだ。

さらに、政府が出した取材立ち入り禁止区域は、法的な拘束力を持っていて、九州の雲仙普賢岳爆発の際にも設定されていた。これを無視して入ったフリーの著名なドキュメントライターが違反で警察に書類送検され基礎猶予となったケースは知られており、「決死隊を出そう」と意気ごむ記者たちの出鼻はくじかれた。結局、この編集担当補佐の方針が報道局の基本姿勢となった。

歴史上のIf《イフ》ではあるが、筆者がかつての強力な東京社会部時代のデスクだった時にこの事故が起きたとしたら、局長室方針などあっても、確実な潜入ルートが構築されたら部長にだけは報告して、記者の最大限の安全を図りながら潜り込ませていただろう。筆者のみならず当事の社会部なら誰でも挑戦したはずである。部長も、局長室対策はオレに任せろ、と積極的に進めるか黙認するかだったと思う。潜り込めば、あらゆる手段でデータを集め、写真を撮り、外部へ運び出して特ダネをものにし、さらにシンパを作って情報の継続入手網を構築するだろう。

ただ、ここに一つ問題がある。原子力、原子力発電という課題や知識は極めて特殊な専門領域に属しており、朝日新聞全社の報道局の現役記者で原子力についての専門記者は東京と大阪の科学部員を中心に数人しかいない、ということである。編集委員や論説委員を入れても一〇人に満たない。原子力発電所五四ヵ所が立地する地方の通信網に専門記者を常時張り付けてはいない。原子力発電の安全神話がすっかり定着し、まかり通っていただけになおさらである。が、現場で事故の重大さの本質を見抜くためには科学部員の原子力専門記者が現場をナマで確認するのが最高の方法だ、ということになるわけだが、科学部記者に「決死隊」になってくれ、は社会部の感覚からするとこれはまた別問題になる。というのは社会部の記者なら門外漢が現場に突っ込んでも、にわか専門家は社会部のお得意芸だからだ。従って、筆者としては、社会部系が作業員に潜り込んだり関連機関の関係者に成りすますなどしてでも現場に入るべきだった、と考える。が、当時は社会グループという名称の組織で弱体化していたのだから何をか言わんやである。

朝日も他の全国紙も政府の立ち入り規制に忠実で、結局、事故発生から一年の間に、大手メディアの記者が福島第一原発の敷地内に入ったのは、政府、東電が用意したバスに乗っていわば見学会を二度やっただけ、参観させて頂いたに過ぎない事態となったのである。フリーのジャーナリストが、規制区域突破どころか、防護服まで着て原発敷地内はおろか原発の建屋にまで入り込んで現場の人たちから取材、写真も大量に撮ってレポートしているのに、である。

ここまで書いてきた問題が、実は今回の新聞報道が「大本営発表」と言われることになったことと同根なのである。というのは――。

日頃、平常時は原子力発電に関する取材は経済部の記者が電気事業連合会との月に一回の定例記者会見で行っている。これは経団連会館にあるエネルギー記者会に属する経済記者が、あくまで日本のエネルギー問題の観点から取材をするものである。従って、これまでにも原発に係わる故障や事故は起きて来たが、経済部記者は基本的に事故には触らない。

そして、事故が起きたとき、取材するのは科学部記者と現地の記者である。通常は東京電力が原発で事故を起こした場合は、東電が経済産業省へ出向いて説明し、新聞記事の本記（事故概要を報ずる記事）は科学部が書く。今回の福島第一原子力発電所の事故に関しては発表の場が東電になった。テレビでおなじみの記者会見の場は東電内にあり、科学部が本記をずっと書いて来ている。しかし、経済部が電事連の発表を聞くのにはエネルギー記者会があるのに対し、科学部と電力業界とが定例的に会う記者クラブは存在しない。だから、今回の原発事故に関する記者発表は、東電の原発事故を対象にした、いわば「にわか記者会見場」として日々行われて来た。

従って科学部記者は、東電にとっては事故があったためにこそ会う、いわば一見さんで、個人的に東電の原子力発電の技術幹部に食い込んでいる記者がいれば別だが、一般的には東電側からすれば、エネルギー問題で懇親出来る経済記者とは違って、原発本体の機能や安全装置、核燃料の管理などを科学的な側面から常時見張られる科学記者は、一種のうっとうしい存在との思いが伴うことになる。

これだからこそ、会見の度に東電側はブリーフィングの分厚い資料をドサッとこれでもかと渡し、東電にとって不都合な、あるいは厄介な事実、事案は出来得る限り隠蔽して、資料を基に科学記者が質問を重ね、その解明に記者会見時間のほとんどが費やされるように仕向けて準備する。これだから、東電の情報コントロールがまかり通り、科学部記者が自分の持っている知識や情報、原子力村に属さない学者から取った、発表内容の実態に即さない疑問やデータで東電を追及してやっと東電が追い込まれ、隠していた事実を公表する事態がどれほど多くあったことか。しかもそれが、原子炉の炉心の核燃料のメルトダウン（溶融）といった最大級の事案の長期にわたる隠蔽にまで及ぶのである。

こうして日常的には科学部が東電発表をもとに書いた本記が日々の新聞に載る。ところで、新聞編集の上では、また妙なことがまま起きていた。この東電の発表が事実かどうかのウラ取りは出稿の前に科学部が多面的に行うわけだが、その取材先が、いわゆる原子力村の関係者、学者が主体なら、批判のコメントが併記されていても東電の発表内容に添った記事の全体構成になるから、これは編成センター（かつての整理部〜新聞の紙面編集セクション）の紙面づくり担当者も安心して批判コメントも含めて、内容相応の紙面扱いをする。しかし、東電発表の内容や原子力村に日頃から疑惑、危惧の念を持つ立場の学者や委員などが、科学部の裏取り取材に対して警鐘を鳴らしたり、反論したりして、その見解を中心に更に突っ込んで東電のウソを暴く内容の記事として出稿されたりすると、編集者によっては、この反論を証明出来るのか、世の不安を増幅させる、という理由で紙面扱いを抑え気味にしてしまう。筆者が話を聞いた記者たちの目には、全般に紙面編集の傾向はチェック機能が強く働き、抑え気味で「ここ一発の問題意識で勝負する」といった気概に欠けた雰囲気が支配的だった、と写っていた。

いま、検証連載で世評が高い「プロメテウスの罠」の中で、放射能汚染で使用できなくなったゴルフ場経営者が、東電を相手に損害賠償を求めた裁判で、裁判所が「放射能は無主物」と東電に有利な判断を示したことが書かれていて、これは連載ものが打った見事なスクープだったが、この判決などは、本記の骨だけでも朝刊一面のトップに扱って、奇怪さをアピールすべきではなかったか、と筆者などは考える。

また、文部科学省所管で問題になった「SPEEDI」（放射能の拡散地域を早くキャッチ出来る機器）をなぜもっと適切に早期に使わなかったのか、これによって避難区域が何度も修正され住民が振り回される結果につながった、という記事は、朝日新聞の大阪科学部がキャッチして記事にし東京にも当然送稿したが、しばらく留め置かれたため大阪科学部が怒ってねじ込んで、やっと東京、大阪とも紙面に載ったが、東京は目立たない面に目立たない扱いだった。その後、この問題は大きくなり文科省は内閣府の原子力安全委に丸投げして責任逃がれをした。これは、しかし、文科省担当のクラブ詰め記者が記事にすることも出来たはずだ。

原発事故発生以来、社会グループは何をしてきたかといえば、広大な被災地の被災実態と被災者の取材に総がかりになり、こと原発事故に関しては蚊帳の外と言った存在であった。それはもちろん全国の取材網から総動員ともいえる被災地取材の応援を得ていたし、先述したような社会グループだったからやむを得ない面はあったが、福島第一原発で日々進行している恐怖の連鎖には現場にも居らず、東電記者会見の現場にも社会グループの記者はお呼びでなかった。原発事故担当のデスクはいたが、東京で開かれ大江健三郎氏らも参加した反原発六万人集会の記事を書いたのはたまたまの当番記者らしく、扱いも含めて余りにそっけないとの紙面批判を浴び、その後、原発担当記者も置いた。いずれにせよ、この世紀の世界史的な大事故に社会部的なアプローチは出来なかったという信じられない事態で推移した。

以上見てきたように原発で非常事態の複合災害が起きるというような想定は、「YES BUT」（原子力発電は容認する、しかし安全管理を怠るな）を社是とする朝日新聞の中でさえ、ほんの一握りの危惧派はいたとしても、日常の取材活動の中では、チェルノブイリは対岸の火事で、日本で起きるなど想定されることもなかった。今までのいくつかの原発事故も、回復可能な範囲での故障やミスで、フェイルセーフの範囲内。トップの責任問題が追求されるのは事実隠しの方にあった。従って原発本体の制御が効かなくなる複合破壊に対しては万が一の対策などは、必要すら考えていなかった。つまりは原子力安全神話の刷り込みは、「YES BUT」をも呑み込んでいたのである。この意味では朝日新聞も原子力村の傘下にあった、と言わざるを得まい。

現場に入れないなら、それならそれで福島第一原子力発電所の吉田所長、或いは東電の技術陣の上層部の誰かに電話一本で現況が取れる記者がいなかったのだろうか。残念ながら一人もいなかった、ということになる。それは、見てきたように、経済部はエネルギーとしての原子力発電という電事連とのお付き合い、科学部は原子力発電のメカニズム、安全対策についての知識は豊富で、事故が発生した時の本記は書くが、電力会社、原子力発電所のマル秘事項や隠された事実にまで日常的に迫る体制にはない。一方、社会グループが事故発生後も蚊帳の外ということでは、そこで今起きていることのナマデータを常時話してくれる、いわばニクソンのウォーターゲート事件で、ワシントンポストの二記者にCIA長官が情報を流したようなディープスロート（内部極秘情報提供者）を、この原発事故に際しては朝日新聞の報道局の中では誰も持っていなかったことが浮き彫りになった。政治部の姿勢にも批判を聞いた。メモ合わせばかりしていてリスクを避けてばかり。ファクトがまるで出なかった、と。

社会グループになってからの組織に要求すること自体が無理だが、社会部時代に反原発の立場の論理にどれほどの関心を寄せていたか、長期連載検証企画「プロメテウスの罠」で登場している課題にもっと早くから「ＢＵＴ」の立場で追及し、安全神話の分厚い土手にアリの一穴を開けて調査報道に持ち込んでいたら政・官・財・学が癒着してきた原子力村の実態と、地震列島にかくも多数存在する原子力発電が抱える複合災害の危険と恐怖を警告することが出来たのではないか、十分に調査報道で追及し得た構造的な対象だったと筆者自身も考えさせられる。

それに朝日の原発対応路線「ＹＥＳ　ＢＵＴ」の発想、主導をした岸田純之助氏は最近も日本原子力文化振興財団の監事で、これも原子力発電推進側が朝日の有力者を内側に留めたい思惑からで、気の毒なことだという見方もあった。木村繁元科学部長については「ＢＵＴ」のない「ＹＥＳ」論者で、さすがに社の首脳も困惑し、科学部長を柴田鉄治氏に代えた。柴田氏は科学部長のあと社会部長も務めたが、いまは、朝日の原発「ＹＥＳ　ＢＵＴ」路線の担い手だったことを踏まえて、今回の原発複合災害の発生を深刻に受け止めて真摯な言動に徹し、社会部ＯＢの十日会が主導して開いた「原発事故報道を考える市民講座」でも中心的な役割を果たすなどしていることが評価されている。その反対にやはり「ＢＵＴ」よりも「ＹＥＳ」に重きを置いて論説委員として論陣を張ってきた大熊由紀子氏は、現在福祉関係のジャンルに転進、自分がかつて書いた原発安全に重きを置いた記事への批判には、今は亡き部長が直しを入れたものだ、と話を聞く人に言っているといい、そういうこともあっただろうが評判が良くない。

いま、朝日新聞は朝刊では先ほどから取上げている「プロメテウスの罠」、夕刊で「原発とメディア」の二つの検証連載を続けており、前者では現在進行形の原発事故の発生にいたる内在する諸々の原因の抉り出しに挑んでおり、後者は過去に朝日新聞が原発取材にどう向き合ってきたか、を多面的に検証し反省を試みている。これは評価したい。が、検証報道は確かに重要ではあるが、あくまで後追い、フォロー記事である。

問題はここから先のことがより重要である。経産省や原子力安全委員会の原子力発電推進側に対して、新たに四月から発足するはずだった原子力規制庁の姿も未だに明確にならず、一方で、ストレステストを済ませた原子炉を稼働させせようとの動きも急だ。朝日の社論は、今回の原発震災、複合災害を受けて、二〇一一年七月一三日付け社説で従来の路線から「『原発ゼロ社会』を将来目標に定めるよう提言したい」路線に舵を切った。が、五四基もある原発の廃炉への道程、核燃料の処理、福島第一原発事故で起きている多様な放射能被害などは気の遠くなるような時間と危険との闘いである。さらには再稼働推進派、擁護派の動きもそれに加わる。

このように考えると、社論の転換だけで済むことではない。現在、社会部で経産省クラブに加盟しているのは、公取委担当のためで原発には係わっていない。少なくとも省庁再編で原子力安全・保安院が出来てからは社会部は原発事故の本記を書いていないようだ。だが、これからの日々の報道の中で、現場第一主義は言うに及ばず、社会部記者の原発問題担当の層を厚くして、基礎的な勉強から始めて、原子力村のネットワークと人脈、原子力発電反対派の人脈に深く入り込み、隠されている不正や腐敗、癒着、危険などを調査報道によって暴露し、内部告発者とも連携してスクープを張り続けなければならない。

このような問題意識を持って、気の遠くなるような新しいジャンルの社会部の仕事が始まったと胆に命じなければなるまい。

一二年三月二五日付けの朝日新聞は一面トップで「福井県原子力委員に一四九〇万円　〇六～一〇年度　五人に電力側寄付」という調査報道による特ダネを載せている。これが、社会部、特別報道部、あるいは連載チームのどの出稿セクションから出されたものかは知らないが、この種の調査報道の積み重ねこそが、いま経営的にも危機に立つ新聞を救う唯一の道であると確信している。

先日、ある出版記念会で本多勝一氏に会った。「どんな方法でも潜りこむべきだよね。やる気になればいくらでも手段はある。現場には作業員もたくさんいる。ルポもない。命の安全第一だったら、ベトナムなど取材出来ない。政府の規制など取材の前には拘束力などない」。「戦場の村」のルポルタージュでピューリッツアー賞に輝いたジャーナリストの言は重かった。

後述するが、このほど朝日新聞を退社後、フリーの立場で被災地をくまなく取材『三・一一　複合被災』を岩波新書で出した元東京本社編集局長の外岡秀俊氏も、朝日社会部ＯＢの集まりで「あなたが編集局長の立場にいたら記者を原発事故の現場に入れたか？」の質問に、全く躊躇なく「取材をさせた」と答えた。

第一部　朝日新聞にみる存亡の危機

第Ⅰ章　原発事故取材にみる危機の様相

（1）現場データを放棄すれば真実には迫れない

現場に行かない新聞記者

東日本大震災による福島第一原子力発電所の事故から一年余が経った。発生からこの一年余の間、全国紙を含む大手マスコミの取材記者が現場の自主的な取材を放棄している。

発生から八ヵ月経ったころ、政府・東電が用意した車に各社が乗り込み、敷地内に入りはしたが、安全な箇所をいわば通過目撃しただけである。そして年が明けて二月二〇日、「収束宣言後初」の触れ込みで当局側による二度目の記者団への「公開」が行われた。いずれも取材とは程遠い事故現場「参観」をさせてもらったに過ぎない。

ここは他国同士や民族・宗派が戦争をしている例えば中東のような現場ではない。日本国内であり、日本国の中枢の首都への電力供給源でもある重要施設であり、現に修復のために日々苦闘している東電社員、多くの作業労働者、関係機関の技術者や従事者たちが、発生時から日々ずっと現存している事故現場、修復作業現場なのである。

現場に足を運ばない、現場を見ない新聞記者とは、いったい何者なのか。記者を現場に入れようとしない新聞社とはどういう組織なのか。筆者はかつて新聞の社会部経験者なので問いたい。

かつて、サツ回りのころ、県警本部の泊りにあたった同僚が、真夜中の朝刊締め切り直前にあった普通ならボヤ程度の一次出場の火事で、念のためと現場へ行った。が、この時は違った。一家八人が小さな住居で折り重なって焼死していたのである。朝刊の一面に突っ込みの大見出しで朝日だけ載った。これが、「現場」の怖さである。現場には何があるかわからない。

何か質的に違うのだろうか。原子力発電所での初の複合事故現場だからこそ、いかなる手段を講じてでもまずは現場だろう。いま現役の記者たちも上司も、駆け出しの頃から常に「現場を踏め」は鉄則だったはずである。

それが、この歴史的な一大局面で、発生からこれまでに政府と東電側がお座なりにマスコミを現場に二度連れて行って「見学」させた他は誰も現場に入っていないのだから、主体的に取材した一次情報のデータが何もない、ゼロなのである。それに対してフリーのライターの中には、規制区域内には事故直後から、さらには防護服を着て原発の敷地内に入り、建屋にまで潜り込んだ者もいる。

行かないのか、行けないのか

報道局のトップが記者を現場と直近には入れない方針を決めたからである。理由はいくつも考えられるが、まずは記者の身の安全であろう。そして政府の立ち入り禁止措置。さらには、過去の原子力事故の際に作られたマニュアルや各社間申し合わせだ、という指摘もある。政府に対しては何度か禁止措置を解くよう申し入れた、と紙面で述べてはいた。が、各社で朝刊一面に「取材規制を解け。自己責任において各自取材する」との共同アピールを一斉に紙面に出して政府と東電に迫ることで、朝日がリーダーシップを発揮することも出来たはずである。当面、当局側とトラブルを避けるなら、作業員を始め現場に入る関係者に潜り込んでも取材を強行すべきであろう。何よりもまず、ナマのデータが何も無い「データゼロ」の事態に新聞人として恐怖を感じないことが不思議でならない。

「おれは潜り込む」と言った記者たちはいたのである。ただ、報道局長が上述したような経緯で、記者を現場に入れない、と決めた。この決定は科学部系の主張が通った形で、社会部的な現場第一主義は退けられた。社会グループなどというあいまいな存在が禍いした。チェルノブイリは事故発生時に多数の死者が出る大惨事だったのだが、今回は先にも書いたように現場には修復と戦う多数の人たちがいたのである。局長室の判断は乗り越えてでも「よし、まず入り込む手段を探れ、やれるなら入ろう」と言ってのけるハラの据わった人物がデスクや部長クラスにもいなかったことになる。あの手この手の潜入の試みはしたのだろうか。

かつて、精神病院の中で患者がひどい目にあわされている、との情報をもとに患者を装って潜り込んで取材し、実態を暴いた記者もいた。ドヤ街に住み込み底辺の労働者になりきって取材した先輩もいた。大学紛争の最中に開かれた助手集会に、当然のように入り込む。旅客機の墜落事故の生存者に収容先の病院でただ一人でインタビューに成功する。観光バスの転落事故でたった一人助かった少年の病室に医師になりすまして平然と入る。成功すれば大手柄、失敗すれば自分で責任を取らなければならないスレスレの取材も知っているが、ちゃんと成功した。巨大ダム建設工事現場で落盤事故が起き、二三人が生き埋めになった時も、救出の最先端に潜り込み、換気管から入れる食糧の中にカメラを隠し入れ、全員無事の一枚をスクープした現地記者もいた。事実を知るため、真実に迫るため社会部系の記者なら当然持ち合わせている気構えだ。だれも当局の発表など待ってはいない。

歴史に残る大失態ではないか

今回は原子力災害だから平常とは何か違うのだろうか。国家・国民の存亡にも関わりかねない超ど級の事故である。日頃、新聞を読んで頂いている読者に第一線情報を提供しなければならない義務があるとは思わなかったのだろうか。原子力発電所での放射能漏れ、さらにメルトダウンが起きており、放射能はいまも拡散している。これは原子力発電の安全神話が完全に崩壊した事態でもあって、地域の住民にとって生命に関わる深刻な状況であり、今後の電力供給など国家のエネルギー政策の転換にも関わる一大局面に遭遇しているのに、現場を見ないで済まそうとしたのである。

「社会の公器」と日頃自負し、民主主義社会の守護神と振舞っているのに、信じがたい責任放棄、社会への裏切り行為で、歴史に残る大失態である。被災地の避難所では「こういう時は新聞がやはり一番頼りになる」「記者さん、明日も新聞を持って来てくれ」という人たちが多かったと聞く。その新聞に被災住民が一番知りたい現場のナマ情報が無いのである。

要するに組織も記者も「御身お大事」で「データゼロ」に知らん顔を決め込んだわけだ。報道の自殺行為と言われても抗弁できまい。

活字メディアの紙の新聞読者の新聞離れが急速に進み、全国紙の大手二紙、朝日と読売が生き残りをかけて熾烈な闘いをしている。その時機に起きた原発震災事故である。大災害ではやはり紙のデータが信頼される傾向にあるのだから、紙の読者を再び取り戻す千載一遇のチャンスであった。それなのに、現場取材を放棄するなど社会部的体質からすれば、あり得ない事態だ。

一年経った今日、放射能漏れは収まらず、地下水や海水汚染も続き、メルトダウンした燃料は格納容器を抜けて回収も出来ず、時折、冷却効果が効かなくなるなどの原子炉の不安定が続いている。なのに野田首相は早々と「収束」宣言を出し、世間を欺いている。福島県下の一八歳以下の子どもたち三六万人は、自分たちに何の過失も責任も無いのにこれから一生、毎年被曝検査をしなければならず、福島第一原発の全ての原子炉の廃炉が完了するには四〇年以上の歳月が必要である。何が「収束」なのであろうか。

一方で、原子炉の寿命は四〇年との規制を法的に決めようとした途端、六〇年の例外規定をつくるなど、ザル法になろうとしている。それだけでなく、電力各社や原子力発電の利権構造につながって来た行政機関や自治体、研究機関、研究者、政治家、メーカーの裾野まで、いわゆる原子力村といわれる関係者たちは、原発再稼働と原子力発電の「安全神話」の復権に向けてうごめき始めている。

こうした一連の動きに強い立場で対決するためにも、発生からの現場での情報集積、継続的なナマ情報の入手経路の確立、さらには、内部告発者との連携工作、それらを基にした社会部系による調査報道のスクープの連打、それも単発のスクープの連打が本来は必要である。上述したように「検証連載」企画での取り組みは世評も高い。しかし、二度と採れない現場の初期データからの収集、蓄積、隠されナマ・データ入手に手を抜いた結果が首相の「収束」宣言につながっているのである。

「発表報道」の垂れ流し

結局、この一年間紙面で扱ってきた原発事故に関するあらゆる本筋のデータは、東電と政府機関が日々記者会見で発表するデータを、科学記者が質問を重ね、ウラ取り取材を出来る限りは行うが、発表の枠内でのデータをそのまま垂れ流してきた。事故後、続けられていたこの記者会見には、当局側が認めたフリーのライターたちも出席出来た。

ただ、当局側は会見の度に分厚いブリーフィングの資料を渡すのだが、これは新聞協会加盟各社など既存組織に属している記者だけにしか配布されない。結局はこの一方的に渡される大量の資料を基に戦時中、大本営発表のデータを頂戴して記事にしたのとよく似た形で、東電、政府からのデータの枠の中での本筋記事を中心に書いてきた。つまりは東電、政府によって情報操作がいくらでも通る形での、事実かどうかあいまいなデータまで垂れ流しを続けてきたのである。

朝日新聞は先ごろ、「検証・昭和報道」という長尺の連載企画をしたばかりで、これは、昭和期に国民を戦争に駆り立てた軍部に対して新聞はどのように言論機関としての責任を果たせたのか、どのようにして軍部の言いなりに呑み込まれて行ったたか、を現代の新聞記者の視点で問題意識を鮮明にして見詰め直した内容である。当然、記者の姿勢、視点、新聞社の組織としての戦争協力責任が厳しく指摘される内容となっている。

例えば、その連載の中で、広島に原発が落とされたことを報じた一九四五年八月八日付の紙面のことを書いている。

「八日付各紙は一面トップで大本営発表を報じた。発表通り『原子爆弾』は使わず、『新型爆弾』『新爆弾』とした。朝日は九日付、一〇日付も見出しは引き続き『新型爆弾』で通した」とある。

何のための昭和報道の検証だったのか。反省は原発事故報道では活かされなかったと言える。いつか来た道と同根の報道姿勢をまたも繰り返したことになる。そして、今もそれは続いている。いずれ何時の日か、新聞による詳細な「検証・原発事故取材」がなされなければなるまい。

調査報道とはなにか

政府や東電などの発表をもとに報道する「発表報道」に対比して「調査報道」という言葉がある。

朝日新聞の東京社会部記者、デスク時代を通して調査報道の姿勢に徹して、リクルート事件でアメリカ調査報道記者・編集者協会賞、日本ジャーナリスト会議賞、また談合キャンペーンなどで新聞協会賞を受賞している社会部ＯＢの山本博氏は『調査報道がジャーナリズムを変える』（一一年六月・花伝社刊）のなかで、「調査報道とはなにか」について要旨次のように書いている。

通常、一般的ジャーナリズムは、政界、官界、財界などの公権力から情報を取り、それを記事にする。口の堅い相手に食い込んで何とか貴重な情報を探り出す場合もあるし相手側からのリークもある。しかしいずれにしても、相手側、つまり公権力側は自分たちにとって都合の悪い情報は漏らさないし、まして、国民から見て疑惑が一杯の事実や腐敗は、隠し通す。

公権力の隠れた疑惑、腐敗、ウソなどをジャーナリズムが自らの責任で調査し、国民の知る権利に答える行為が調査報道という報道の一形態である。主権者である国民は、公権力が裏で何をやっているのかを知る権利をもっている。そしてジャーナリズムはそれを知らせる義務がある。ジャーナリズムが、当局からのもらいネタばかりを書いていたのでは公権力を監視し、隠れた疑惑や腐敗を明るみに出すことは不可能だ。国民に知られたくない事実や疑惑、腐敗をあばくことは、ある意味で速報や国家の大事より重要である。それが調査報道であり、担当するのはもっぱら社会部である。

しかし、残念ながら、長らく、日本では公権力の監視、疑惑の追及、腐敗の暴露といった調査報道は見られなかった。衝撃は海の向こうからやって来た。米国ワシントン・ポスト紙のウォーターゲート・スキャンダル報道である。時のニクソン大統領はこれによって失脚する。日本では、立花隆氏の「田中金脈追及」が最も早い代表である。

残念ながら、こうした調査報道は、数多くはない。いぜんとして報道の主流は、当局からの情報である。福島原発事故もその一例であろう。

以上が調査報道の鬼とも称される山本氏の記述である。

では、数多くはないと、と彼が言う朝日新聞の調査報道は、今までにどのようなものがあったのか、代表的な具体例のいくつかを第二部以下であげ、今の新聞危機にとって調査報道の果たす役割がなぜ必要なのか、を考える参考としたい。第一部では、こうした調査報道によるスクープが原発事故発生に関してはないがしろにされた結果として、ほぼ無惨な発表報道だけがまかり通った姿を追及していきたい。

四ヵ月後の「緊急シンポジウム・原発とメディア」

東日本大震災によって福島第一原子力発電所で起きた原子炉の溶融事故から五ヵ月余が経た昨年七月一九日夜、「緊急シンポジウム　原発とメディア」が新宿区の四谷区民ホールで開かれた。月刊「創」編集部主催、「週刊金曜日」後援で、東京新聞が朝刊の「こちら特報部」で開催の予告記事を載せた。筆者はすぐに申し込み聞きに行ったが、四五〇人の会場は当日来た人たちも含めて満席で立つ人、階段に座る人も出た。とくに婦人層の来聴者が多いのが目立った。

第二部「原発報道について」のパネルディスカッションで話された内容は、一口で言えば、マスメディアの現場取材放棄、伝えるべき事実を伝えていない現況だった。このディスカッションで提示された実態は、マスメディアが読者、視聴者から見放されていく要因を突きつけていた。

以下、パネラーたちの話を要約して伝えると——。

福島第一原発の事故に関する東電、政府の統合会見は、問題が起きればその都度開かれているので連日になることもしばしばだ。取材する側は新聞、テレビのマスメディアのクラブ所属の記者たちと、登録をして会見に参加できるフリーライターたちのグループに二分化されている。

マスメディアの記者たちには、定例の場合、一〇〇ページぐらいの束になった資料が渡され、記者たちは会見のほとんどの時間をそのデータの確認に費やしている。一方、フリーライター側は自分たちが集めた情報や、東電、政府側の姿勢の矛盾点をしつこく問い質す場に使っている。

ここでは、同じ取材者の立場なのに、すでに長い間、クラブ記者側から、フリー側を「うるさい奴ら」「しつこい奴ら」「異端」と一種毛嫌いする雰囲気が支配的である。

こうした中で五月二二日、「福島第一原発の敷地内と〝警戒区域〟内での定期的な取材機会の要請」の共同アピールが、呼びかけ人綿井健陽氏（フリージャーナリスト）、広河隆一氏（「DAYS　JAPAN」編集長）、篠田博之氏（月刊「創」編集長）らと賛同者で出された。

東日本大震災から二ヶ月が経過した現在でも予断を許さない状況が続く福島第一原子力発電所において、長期的かつ継続的な視野に立った情報公開とそれを実現するための取材機会を提案するとともに、東京電力と福島原子力発電所事故対策統合本部（本部長＝菅直人首相）に以下要請します。

（略）

シンポジウム会場で、このアピールに対する政府・東電の回答が配布された。（略）

「フリー」を閉め出す「クラブ」

要するに報道陣の取材はいつかは公開にする、との域を出ない。メディアの内部にも呼びかけているが、例えば新聞労連も民放労連も、記者の安全を考えて、との政府、東電の言い分に沿うことを基本方針としている経営側、編集、編成のトップの方針にならっており、現場を踏もうとする記者をサポートしようという姿勢は見せていない。新聞の全国紙各社の、或いは新聞協会加盟各社の編集局長名による共同声明で、「現場取材を要請する」との主張がいつ出されるかずっと注目しているが、すでに発生から四ヶ月以上経っているのに何の動きもない。恐らく今後も出されることはないのではないか。

いかに新聞経営が危機的と言っても、全国紙の社会部の資金、組織力はフリージャーナリストに比べれば極めて強力である。「ムリはするな」はあっても、ぎりぎりの現場取材を自己規制してやらないことは、今回の原発事故の発生後の報道全般でいえば、活字メディアが見直されている状況が折角生まれているのに、やはりダメだと見放されることになるだろう。

なでしこジャパンが決勝でアメリカに勝った試合の明け方、いわき市の原発作業員の宿舎に自分はいたが、午前五時に迎えの車が手配されているので、テレビの途中で作業員たちは黙々と出かけて行った。ここには国民的お祭りでテレビで繰り返される美辞麗句とは乖離した現実がある。地元と中央をはじめとする他の地域とは、早くも重大事故に対する風化が始まっている気がしてならない。ダメなマスメディアの一方で「あす、あさっての食べ物はどうする」の現地の切迫感とでは、真剣さの度合いが違う。現地を見届けたい、との流れからはマスコミは遠いところにいて、なんとか自前メディアで伝えようとするフリーの動きとははっきり分かれている。

東電労組は、正社員を危険な場所に近づかせないよう会社側に求めており、ツケは非正規の何重にもなっている下請けの弱い部分に回る構造になっている。内部告発すらしにくい。不条理、差別、理不尽が現地にあり、その一方で社会総体は三・一一以前にもう早く戻りたいのだ。

東電に対して「労組にマスコミには話すな、と指示をしただろう」と質問したが、否定した。しかし、東電が協力企業の作業員に口頭やミーティングで「マスコミからの取材要請があれば、必ずこちらに連絡するように」と伝えていることは聞いており、組合側も同じ姿勢だ。協力企業は下請け、孫受けどころではなく八次ぐらいまである。労組の御用組合化は明らかだ。

浅田次郎氏が会長の日本ペンクラブもこのほど「原発と原発事故に関する情報の完全公開を求める声明」を発表した。疎外されている状況をどう突破するか問題にしている。

声明では「政府と東電からもたらされる情報は部分的、楽観的で遅い。恣意的な情報をマスメディアがさらに短くレポートする。これでますます曖昧になる」とし、「さまざまな立場の表現者が原発施設とその周辺への立ち入りも含め、自由な取材活動が出来る体制を早急に整えるよう要請する」（全文は略）と情報の公開を求めている。

立ち入り禁止区域の被災者の一時帰宅の時、同行取材を認められたのは福島県政クラブに属する新聞、テレビ各社だけで、フリーのライターも同行を要請したが、クラブ側から断られた。マスメディアからフリーライターは嫌われている。新聞協会もおもしろくないのだ。それも、クラブからは各社自前の車で行きたいとの要請だったが、当局側が認めず、用意された車一台に乗って入った。結局は別の時機に立ち入り禁止のロープをほどいて入った。自衛隊員や警察、地元の人からも取材した。

クラブ側は事故を起こした原発の現場写真も全て東電の写真を会見でもらって、それだけ載せている。

記者会見で、現在進行形の事態を前に内ゲバをやっていてもダメなので、あるテレビ局の記者のメンツを立てて、フリーの立場で撮ったデータを二〇秒しか使ってはいなかったが、実を採ることもやっている。

アタマからマスコミの取材者たちを毛嫌いするフリーの取材者もいるが、自分はマスコミとの間を行ったり来たりで関係は保っている。

東電に対していまなら、マスメディアがかなり批判的に取り上げても、マスメディアの広告収入では大スポンサーの東電だが、いまはねじ込んでくる体力がない。従っていまは東電に気を遣って報道の内容をゆがめたりすることはしなくていいのだから、マスメディアはきちんと報道すべきだ。全国的には東電含めて九電力が、それぞれの地域のメディアに対して影響力を行使していることは確かにある。

今度の事故で、東電が福島のある民間放送に謝罪広告を出したいと言って来たが拒否されたと聞いた。広告費なしで、ということだったらしいが、お金のことに関係なくＰＲは出来ないとの判断だったようだ。

子どもの外部被曝量――右往左往の文部科学省

四月二九日に文部科学省が、福島県下の小中学校の生徒を対象に外部被曝量を年間二〇ミリシーベルトを超えないものとする、との方針を記者クラブで発表した。これまでの基準値は大人で年間一ミリシーベルトなのに、である。これを翌日の朝刊一面で批判的に書いたのは毎日新聞だけで、他紙は社会面で小さく扱っていた。東電での会見場だけでなく省庁の記者クラブでも、その場で徹底追及をしていない。インターネット上でこの方針が一斉に取り上げられて問題にされた。

怒った地元のお父さん、お母さんが五月二三日に文科省に抗議に来て、「高木大臣出て来い！」とやった。海外のメディアも批判的に取り上げた。朝刊の一面でこの抗議行動を大きく扱ったのは東京新聞だけで、朝日も写真は載せたが記事は小さかった。二七日になって、これはまずいと高木文科相が会見、今年度はとりあえず一ミリシーベルトを基準値とする、と言った。今年度は、である。朝日、読売は夕刊で扱っていたが、ただ大臣がこう言った、の問題ではないはずだ。クラブ詰めの記者も当局発表をそのまま流すだけ、とは情けない。そしていまだに省内の誰がこのようなデータを大臣に発表させたか、何を根拠にしたのかうやむやのままだ。

この問題は八月二四日になって、文科省は「福島県下の小、中学生の外部被曝量を年間一ミリシーベルトを超えないものとする」と改めて訂正した。

これらをきちんと報じない全国紙の記者の言い分は「パニックを起こさないため書かない」ということなのだが、事実を報じるというジャーナリズムの本質から逸脱している。

五月六日に菅首相が中部電力の浜岡原発を東海地震の震源予想域にあるとして当面停止するよう中電に申し入れた。この時機と合わせたように文科省が記者クラブに配った重大事の資料がある。文科省がアメリカと共同で福島第一原発の上空で大気の汚染調査をした結果、強制移住となったチェルノブイリでの数値が五六・五万ベクレルだったのに、三〇キロ圏の飯館上空で最高一、四七〇万ベクレルを観測したという内容だ。菅首相の浜岡問題での会見で紙面が埋まっているのを見透かして、クラブに流したとしか思えない。翌日はどの新聞もテレビも取り上げていなかった。ところがこれがナマのデータでそのままネットに流れた。一二日になって東京新聞だけが二面に四段で扱った。

ある記者に重大なことなのになぜ書かないのかと聞いたら、「パニックを起こさないため書かない」と言った。事実を報道することを怖れるとはあきれてモノが言えない。

以上が昨年七月一九日の「原発とメディア」緊急シンポジウム第二部「原発報道について」（パネルディスカッション）でのパネラーの発言の主な内容（一部は補足取材）である。

朝日の「反省」？

原発事故からちょうど五ヶ月経った八月一〇日付朝日新聞朝刊は「朝日新聞　報道と人権委員会」

の特集ページで「原発『大本営発表』に報道は」を載せている。

委員会で意見を述べた委員は、本林徹氏（元日本弁護士会会長）、藤田博司氏（元共同通信論説副委員長）、長谷部恭男氏（東大法学部教授）で朝日側からは杉浦信之・ゼネラルエディター、上田俊英・科学医療エディターが同席している。

戦時中に日本軍の負け戦を歪曲して勝ち戦のように発表した「大本営発表」を新聞がそのまま書いたのと同じように、今回の原発事故で東電・政府の発表を、そのまま垂れ流して報道してきたのではないか、が主要なテーマであった。

交わされた意見を集約すると以下のようだ。

「東電の発表によると」「政府の発表によると」の形が分量的に圧倒的に多く、報道内容が東電と当局に全面的に依存していた。専門家のコメントも「原子力村」に属する意見が多数を占めた。国民の批判は「発表ジャーナリズム」になっている、という不信感だ。政府や東電の発表や説明が客観的な事実であるかのような印象を国民に与え、ところが事態はどんどん深刻化し、裏切られた。重大な時にこそ権力との距離を保って監視していく、「大本営発表」を批判的な目で追及し、問題提起したり、反論したりするメディア側の努力が不十分だった。

朝日は三月一二日の時点で「一号機　炉心溶融」を掲載、一五日には「二号機でもメルトダウンの可能性」と書いている。原発に批判的な京大助教の談話も掲載、多元的な姿勢もうかがえる。メディア批判の対象は、どちらかと言えばテレビだったのではないか。東電の記者会見は、つるし上げみたいな感じで、枝野官房長官の会見は逆に激しいやり取りがないため、垂れ流しの印象をもたれた。発表報道ばかりで、マスメディアが現場に入っていないと言う批判もある。記者の安全に配慮することは大切だが、もう少し現地から記者が報告する必要があった。事故から四ヶ月以上も経っていまだに現場からの報道があまりないのは、「現場が第一」というジャーナリズムの基本にもとるのではないか。人員や時間を限ってでもいい、代表取材でもいいから、十分な安全対策を講じたうえで、現場取材を実現するよう、もっと努力すべきだ。

朝日の記事でも一号機や三号機が爆発した時に、テレビに映し出された画像を使うなど間接的な報道になっていた。歴史に残る重大事故ということを考えればちょっとさびしい。原発に近いところでの現場取材を、もう少し努力してもよかったのではないか。事故の深刻度がもっとリアルに読者に伝えられたはずだ。

四月末には立ち入り禁止区域内で警察庁長官への同行取材が認められた。少なくともそれ以降は、もっと現場での自由な取材を認めさせ、地元の住民の生活や、深刻さを読者に伝えていく義務があったと思う。

（朝日側の出席者から＝朝日としては発生直後から、現場での取材や現場責任者らのインタビューを東電や政府に要望しているが、実現していない。現場取材が容易ではない原発事故では、政府や電力会社が情報を隠している疑いがあっても確認したり裏付けをとったりするのが難しい場合も多い）

政府、東電が意図的に情報を隠している疑いがあれば、まずその情報を公開するよう強く働きかけるべきだ。それでも公開されないときは、それが放射線の数値であれば、ほかのデータを活用し

福島第一　制御困難

放射能大量飛散の恐れ

2号機　圧力抑

4号機　核燃

2011年3月15日付朝日新聞夕刊1面

たり、独自に計測したりするなど、他の情報源から情報を入手する努力も必要だろう。緊急時迅速放射能影響予測システムのデータの公開遅れが批判された。最も活用すべき時に公開を渋った政府に対して、メディアは政府に対しもっと強く公開を迫るべきだった。

　朝日は早い段階で指摘していたが、政府が国際原子力事象尺度で最悪の「レベル七」と認めたのは事故から約一ヵ月後、メルトダウンが起きていた可能性を認めたのは二ヶ月以上経ってからだ。悪い情報は事態が落ち着くまで伏せる「大本営」の情報操作に対しては独自取材に加え、海外の研究機関などの調査や報告書なども積極的に活用する工夫が必要だ。

　〈朝日側出席者から＝三月一五日の夕刊一面で「福島第一制御困難」「最悪の事態に備えを」と報じた。独自の取材結果から、事故は極めて深刻な状況にあることをつかんでいた。チェルノブイリに匹敵するレベルに達したと認識していた。福島を中心とする地域の人たちが自分の生命を守る行動に移ってもらうべきだとの判断を示した。パニックを恐れて真実を国民に知らせないということはあり得ないと考えた）

このケースでは、パニックを心配して報道を控えるという選択肢はなかったとする判断はうなづける。原則としてメディアは可能な限り、持っている情報はすべて伝え、公開するべきだ。

以上が事故から五ヶ月目の朝日新聞に掲載された、原発事故の報道が戦時中の「大本営発表」と同じように東電と政府の発表の垂れ流しになっている、との国民の目線を受けて「報道と人権委員会」に諮った見解のまとめである。

社会部の復活で調査報道の再構築が出来るか

これを読んでの筆者の感想は、この五ヶ月間を振り返っての新聞を中心にした現場取材がきちんとされておらず、東電と政府の発表に頼る記事が多かったことを自ら反省してこの特集を企画、掲載した、いわば自己反省の意図は評価できる、ということ。それにしても、際立ったことは、事故発生直後の三月一五日付での朝日の独自ネタによる「事故が極めて深刻なレベルにある」との報道だけを辛うじて主張するに留まっている朝日側出席者の発言だった。世論が問題にしている、なぜ現場発の一次情報がないのか、なぜ写真がテレビ映像やロイターの借り物で自前現場写真がないのか、さらには当局側の取材規制を解かせるためにどれほどの先陣を切った動きをしたのか、各社間での協議の末、共同声明を突きつけるような動きをなぜとらなかったのか、などについては朝日側の明確な見解は示されなかった。

何よりもかつて社会部全盛時代ならやったはずの潜入してでも現場のナマ情報を取材する、というような意気込みは全く感じられず、この歴史的な大事故に際して、原発事故の現場に踏み込むという、新聞社なら当たり前の取材を放棄し、長期間を過ごして歴史の証人になり得なかったという事実が厳然として残る。

ある全国紙記者のOBが筆者に言った。自他共に認める朝日のオピニオン・リーダーとしての強いリーダーシップをこういう時にこそ発揮して政府に強腰でものを言い、全体をまとめてほしいものだ、と。大真面目だったが、皮肉と批判も含まれていた。

今回の原発事故でも、現場に潜入することはもちろんだが、東電の内部、福島原発の従業員や作業員、経産省のノンキャリア、原子力安全保安院のスタッフたち、あるいは「原子力村」には属さない科学者たちの独自調査、アメリカはじめ欧米各国による調査データなどを組織的に追って内部告発も含めた情報などを引き出し、調査報道することは出来なかったのだろうか。新聞社の経営危機から来るかつての編集局の機構再編成による機動力への阻害要因も「一次情報の欠如」の一つの局面ではないかと考える。

朝日新聞は昨年一〇月一日付で社告を出し、社会部の復活を決めた。「エディター」は『部長』、グループは『部』に　東京・大阪本社編集局の呼称変更」との社告が第三社会面の隅っこに出て、「〇六年、柔軟で機動的な紙面づくりのため、各部の記者を全員、編集局所属とするフラット化を実施、部をグループとセンターにした。この目的を達成したので呼び慣れた名前に変更する」との主旨だ。表現はどうあれ、うまく機能しなかったのを、元に戻したのは英断だ。復活した社会部に、現場第一主義と、ルポルタージュ、調査報道の再構築を強く期待したい。

あるフリージャーナリストが見た現場

フリージャーナリストの今西憲之氏は月刊「創」の七月号に「原発事故と取材の自主規制」と題した現場ルポを書いている。

取材の現場でマスコミ各社に聞いてみると三〇キロ、四〇キロ、五〇キロと規制にばらつきはあるが、取材活動が大幅に規制されているのは確かだ。「五〇キロ圏内に入ったとわかれば、大変です。『スクープはいらないから、入るな』という管理職もいます。各社が取材拠点にしている福島市や郡山市から車で一五分ほど走れば、五〇キロ圏なんて簡単に入ってしまう」「最初は三〇キロ以内は入るなと指令があり労組との関係もあって、三〇キロ以内は管理職が取材していた。しかし、仕事にならないので今は三〇キロ以内なら、かなり取材するようにはなった。しかし、それも線量計に防護服を着用して、一定の時間内で収まるようにと細かく指示されます」。あるマスコミは「取材要項」という紙を記者やカメラマンに配布。線量計の持参、計測から線量の目安など、注意点を説明している。

と、今西氏は伝える一方、現地奥にかなり食い込んで、警戒区域の双葉町から避難生活を余儀なくされている原発作業員のAさんにも接触、Aさんが出来る限り記録している町の様子や撮影した写真も入手している。また、原発へのアクセスにある常磐自動車道のサービスエリアが原発作業員の朝夕の着替え場所になっており、作業員から取材して「一F（福島第一原発）で仕事していて、いつも逃げることばかり考えてるよ。テレビで見るより現場のつぶれ方はすごい。震えるよ。工程表か？　無理だよ。二倍の時間が最低でもかかるな。個別の工事ごとにも工程表がある。ガレキと放射線に阻まれ、まったく予定通りに進まない。防護服の上に雨合羽を着て、防毒マスク。視界はだめだし暑さで仕事がはかどらない」との作業員一〇年以上のナマの声を聞いている。

さらに東電の社員からも「原発の安定なんてほど遠い。工程表は本社の偉い人が作成しているから現場の末端ではよくわからない。あれは理想だと東電社員は思っている。信用しない方がいいよ。うちの会社、マスコミの目をごまかすのは天才的だから。現場と本社にはかなりの温度差がある」との言も引き出している。

一週間ほどで、東電は工程表の見直しを発表。その社員から「言った通りでしょう。新しく公表した工程表も理想ばかり。メルトダウンも最初から数値を見れば、多くの専門家がそう理解したはず。最新技術を駆使しても最後は現場の人手が頼り」と語らせている。

このような現場のナマの声、実情はあまり報じられていない。その理由の一つが原発地域周辺の取材をマスコミが自主規制していることではないか、と書いている。また、第二原発の地元、楢葉町の町議の言葉も紹介している。九一歳の母親を避難所には入れられないと息子夫婦が世話しているため、町議は消息確認、物資運搬のため時折、二〇キロ圏内に入っている。「二〇キロ圏内は放射線に汚染され『すぐにでも生命の危機だ』とのタッチでマスコミは報じる。その家族にもマスコミは電話ばかりかけてくる。九一歳の病弱なお母さんをかかえて大変なのに。原発近くは取材しないが、報じる内容は上から目線の姿勢というのはおかしいでねえのか。腰抜けだっぺ」との町議の発言も伝えている。

以上、今西氏が伝えているような現場密着の情報は、本来なら新聞記者が潜入ルポとして書かなければならないことだ、と筆者は情けない思いでいる。現場ルポもなければ調査報道もない。核心の現場を避けて、東京の都心で行われる、加害者東電とその情報に追随する政府とが流すデータを書くことをもって、原発災害の報道の責任を果たしていると考えるならば、こうした大災害では新聞がやはり必要と思っている〝戻ってきた読者〟をも、また失う結果につながるだろうと危惧する。再度いうが、こういう非常時では、やはり新聞の報ずることに信頼が置ける、とする新聞復権へのいわば千載一隅の好機を自ら逃したことは明確である。

海外メディアが厳しく喝破

諸外国から派遣されている海外メディアの特派員たちも日本のマスメディアの取材態勢には疑問や批判をぶつけており、例えばニューヨーク・タイムズのM・ファクラー東京支局長は次のように語っている（以下要旨）。

日本のメディアの原発事故にまつわる一連の報道は、政府当局や東電からの発表をそのまま伝えているだけだ。記者クラブに陣取って情報が手渡されるのを待つだけ。各紙に際立った違いがないまま、ほぼ同じような内容を毎日垂れ流している。自分から進んでネタを探して報道するという精神がほとんどない。当局側と対峙して国民側について報道する姿勢が感じられない。大マスコミになればなるほどその傾向は強い。一般の市民は東電が出す情報に対し、大いに懐疑的になっている。

ニューヨーク・タイムズの場合は日本の当局に対してもっと批判的であり、懐疑心もはるかに強い。ワシントンから次々に情報が入ってくることとも関係がある。その情報の方が多いというのは実に奇妙な感じがする。日本政府当局が公表しているものよりもさらに詳細で、日本の事故対応にも疑問を呈するなど、より厳しい現状認識が示されている。日本政府は原発被害レベルを七に引き上げたが、それ以前から、より懐疑的な見方は海外メディアを通じて伝えられていた。一言でいえば、日本のジャーナリズムは受身のジャーナリズムだ。米国では人がやらないことを自ら調査・報道しそれが評価される。日本では、下りてくる情報の中身を精査する方法を知らないし、知ろうともしていないのではないか。

日本の大メディアの問題は、東電や政府など取材対象者との関係が近すぎることだ。メディア自体がエリート層の一部になっているから、政府と敵対関係になれない社会だ。震災報道を通じて、大マスコミが似たような情報を垂れ流している姿に市民側は辟易しており、不信感さえ募らせているようにみえる。

以上は、ファクラー同紙東京支局長が月刊誌「選択」五月号の巻頭インタビューで「これでいいのか『震災報道』」として述べている要旨である。

「直ちに人体に影響はない」

マスメディア全体が原発事故の現場にそのように腰が引けた状況の中で、目を見張る取材行動をしたマスコミの一チームがある。事故発生から二ヶ月余の五月一五日にNHK教育テレビで放映されたETV特集「ネットワークで作る放射能汚染地図～福島原発事故から二ヶ月」を制作したNHK制作局のETV特集チームである。その取材から放映までの経緯を神保太郎氏が月刊「世界」七月号の連載企画「メディア批評」（第四三回）で詳細にレポートしている。

要約すると――。

厚生労働省の放射線衛生学の研究者木村真三氏が、事故発生直後の放射線汚染状況を自主的に調べようとするが上司の許しが出ず、敢然と職を辞して福島に出発する。そこにNHKのスタッフが同行する。一号機、二号機の水素爆発があり、半径二〇キロ以内の住民に避難指示が出された直後のことである。チームは空気中の放射線量が最大だった三月一六日、原発から二〇～三〇キロ圏の屋内退避地区を起点に西から東に原発に向かって走りながら、土壌のサンプリングと大気汚染の調査を始めた。

原発から二二キロ地点で、チェルノブイリでは移住が補償されるゾーンの数値、屋内避難では不十分。二〇キロ圏内に入ると車内の線量計はあっという間に限界に達して振り切れた。通過してきた町は、高濃度放射能に局部的に汚染されたホットスポットだったのだ。三月二〇日、スタッフは南から北に移動を開始した。その結果、原発からほぼ同じ距離でも放射能汚染に濃淡があること、とくに北西部で高い放射能汚染が起きていることを発見した。スタッフはこうしたポイント取材を続けながら、調査活動を支援するネットワークを広げていった。京大、広大、長崎大の研究員たちが手弁当で集まってきた。元理化学研究所の研究者は、移動しながら六秒ごとの放射線量を測定できる機材を調査チームに提供。これで、全般的な汚染地図を描くことができるようになった。

三月末、取材班は原発から北西方向に伸びる浪江町の集会所に立ち寄った。そこには四組の夫婦と四人の独身者が屋内退避していた。駐車場で一時間当たり八〇マイクロシーベルト、室内でも二〇マイクロ、（他の数値も）原発から四キロ地点に次ぐ高濃度だ。取材班は留まることの危険を告げ、別の場所に退避することを薦めた。政府がここを「計画的避難区域」に指定する一二日以上も前のことだ。取材班は夫婦が自宅に帰り猫と犬に最後の餌を与える場面に立ち会った。犬は夫婦の車をどこまでも追ってきた。このような痛覚を伴った取材を、テレビ画面からついぞ受け取っていなかった。

神保氏のレポートは、こうした調査報道とNHKニュースとのギャップにも触れている。

たとえば、取材班が三〇キロ圏に入った三月一六日、NHKニュースは、枝野官房長官が記者会見で、二五キロ地点の一時間当たりは八〇マイクロシーベルトであったと述べ、しかし「直ちに人体に影響を及ぼすような数値ではない」とコメントするのを伝えた。三月三〇日、集会所の避難民はアドバイスを受け入れて、集会所を後にした。翌四月一日のNHKニュースは、屋内退避の指示が出ている原発の二〇キロから三〇キロの範囲で放射線の数値にバラつきがあるにもかかわらず、指示が同心円状に出ている問題について、原子力安全委員会は「いまの指示の範囲を変えて、自宅に戻っていいということはできず、いまの区域を維持せざるをえない」と答えるのをそのまま伝えた。もっと安全なところに避難させる、ではなかったのである。安全委員会も文科省も二〇キロ以内の退避指示地域の線量測定をしていなかったにもかかわらず、である。もっと絶望的なのは、安全委員会の呆れた見解に、疑問もはさまず、そのまま垂れ流したニュースの感覚である。ＥＴＶ特集のスタッフはこのころ被災者を安全誘導していた。

今回のような徹底した調査に裏付けられた番組が、なぜ五月一五日まで放送されなかったのだろうか。

神保氏は五月二二日に行われた「原発報道を考える〜メディアは真実を伝えているのか〜」という緊急シンポジウムを覗いた。パネリストの一人からＮＨＫの内部文書が披露された。三月二一日付の「放射線量についての考え方」というタイトルの文書だ。ＮＨＫの報道局が被災地のある放送局長などにあてたもので、「今のところ政府は原発から半径二〇キロに出している避難指示と二〇キロから三〇キロまでに出している屋内退避の指示を変更する予定はない。我々の取材も政府の指示に従うのが原則」と書かれているという。報道局主導の取材コントロールがあったようだ。制作局のＥＴＶ特集チームは、このバリアーを勝手にかいくぐってしまったらしい。昔から一見さんの制作局が、ニュースの領分を侵してスクープをものしてしまうことがしばしばあったそうだ。メンツをつぶされた報道局は掟破りだと大騒ぎをする。これは、お決まりの構図だ。

以上、マスメディアの中で唯一と言っていい組織的な現地ルポを行った取材チームを紹介したが、東電の配布ものでない初の現場写真を新聞紙上で発表したのは東京新聞七月二三日の朝刊一面と特集面だ。紙上でも東電提供ものでない初の写真とことわっており、入手先については東電の原発事故現場関係者としている。新聞社のカメラマンが撮影していないにしても、取材で入手した一次情報のネタとして重要である。

「やる気」を見せれば情報は集まってくる

「実はメルトダウンだった」とか、「本当はメルトスルーしていた」とか、政府と東電が三ヶ月前の情報を今更ながらに出してきた。三月一五日に大量に飛散した放射性物質や、高濃度汚染水が格納容器から漏れて海洋に流れていったとも。それに野菜などの農産物や海藻などの海産物に内部被曝を与えるほどの放射能が付着していることも。またホットスポットが各地に出来ていて、放射能汚染は同心円に広がらないということも、やっと続々と発表されている。

大手メディアは案の定、東電と政府を叩き始めたのだが、それより先に、政府、東電の発表を鵜呑みにし、大本営発表をした自分達の報道を検証すべきだ。既存メディアは大本営発表をやったために国民、特に福島の人を被曝させているわけだから、きちんと落とし前をつけなければならない。その影響はこれから、五年後、一〇年後に出てくるのだ。可哀そうに、おそらく子ども達を中心にそれが明らかになってくるだろう。

こう月刊「創」八月号でフリージャーナリストの上杉隆氏は厳しく述べている。

こうして見てくると、繰り返しになるが、福島原発の大事故をめぐる新聞報道は、朝日新聞が特集ページで取り上げたように、戦時の大本営発表にそっくりである。会見記事をただ垂れ流して書くだけに終始し、誤った発表もそのまま載せ、訂正があればまたその通り書く、の連鎖である。あとは雑感と解説やコメントばかりで、事実と真実に肉薄する現場ルポもない。新聞の存在意義の再認識を発揮できる絶好のチャンスに、朝日のお家芸である調査報道も紙面にない。

今回の原発事故は、「想定外」ではすまされない構造的で組織的な巨大な不合理が根源にある。たとえ原発事故の現場を踏まなかったとしても、この不合理の一つ一つの断片の現場に、過去の時系列のなかで関わり、不合理と考えつつも組織に押し切られた体験を持つ者がいる。例えば往時の通産省のノンキャリたち、原子力安全委のスタッフ、原子力安全・保安院の職員たち、あるいは最後まで抵抗した科学者たちを丹念に追って、「実はあの時、あってはならないこういう動きがあった」などの断片を集積して、裏取り取材で固めることが出来た事実を「朝日新聞の調査によれば……」と、まず何発かの特ダネを朝刊一面に放つ。連打する。

筆者の経験によれば、「朝日はやる気だな」という特異な磁場が生まれ、それに向かって、「今までは黙っていたが、社会正義上やはり黙っているわけにはいかない。日本のこれからのためにも証言します」といった情報が、匿名だけでなく名乗ってでも投書や電話で殺到してくる。それは、事故原発の現場職員や作業員であったり、東電社内、霞ヶ関、あるいはいわゆる原子力村の関係者たち、特に自分が組織の中で少数意見派だったり陽の目を見ないで、いわば踏み台にされて来た人たちが、社会正義に立ち返って内部告発をして来る。この情報の一つ一つを何重もの裏取り取材をして記事を継続して連打する。こうしたキャンペーン報道が不合理を、事実の隠蔽を暴露するのである。

「本誌記者」実はフリー記者

ここでついに、「週刊朝日」九月一六日号が「独走スクープ福島第一原発完全ルポ第一弾　本誌記者が現場で見た、撮った原子炉建屋の中は木っ端みじんだった　このすさまじさ、政府・東電の『大本営発表』はいんちきだ！」の特集を一〇ページ使って掲載した。「原発事故の現状は、国と東京電力の『大本営発表』でしか知ることができない。ほかの〝目〟が現地に入っていないからだ。……現場で何が起きているのか。その問いに答えたい。本誌は『禁断の場所』に足を踏み入れた」として、一号機から四号機までの現場写真とともに詳細なルポを報じた。「本誌記者」とあるが、実はフリーの記者、今西憲之氏のルポである。

今西氏は書いている。「そう、いま私は、原子炉建屋が吹っ飛んだ福島第一原発の一号機の目の前に立っているのだ。三月一一日の東日本大震災、そしてその後に起きた巨大津波によって破壊された福島第一原発は、約半年後のいまも未曾有の惨劇の真っただ中にある。原発の半径二〇キロ圏内は四月二二日、災害対策基本法に基づく『警戒区域』に設定され、住民を含めて原則として立ち入りが禁じられた。そのため、内部の状況は国と東京電力の『大本営発表』によってしか把握できないのが現状だ。果たしてこれで正確な情報が得られているのだろうか。現場に立った私は思った。答えは『ノー』である」とまず、書いている。そして、「私が原発敷地内に入ったのは、これが初めてではない。

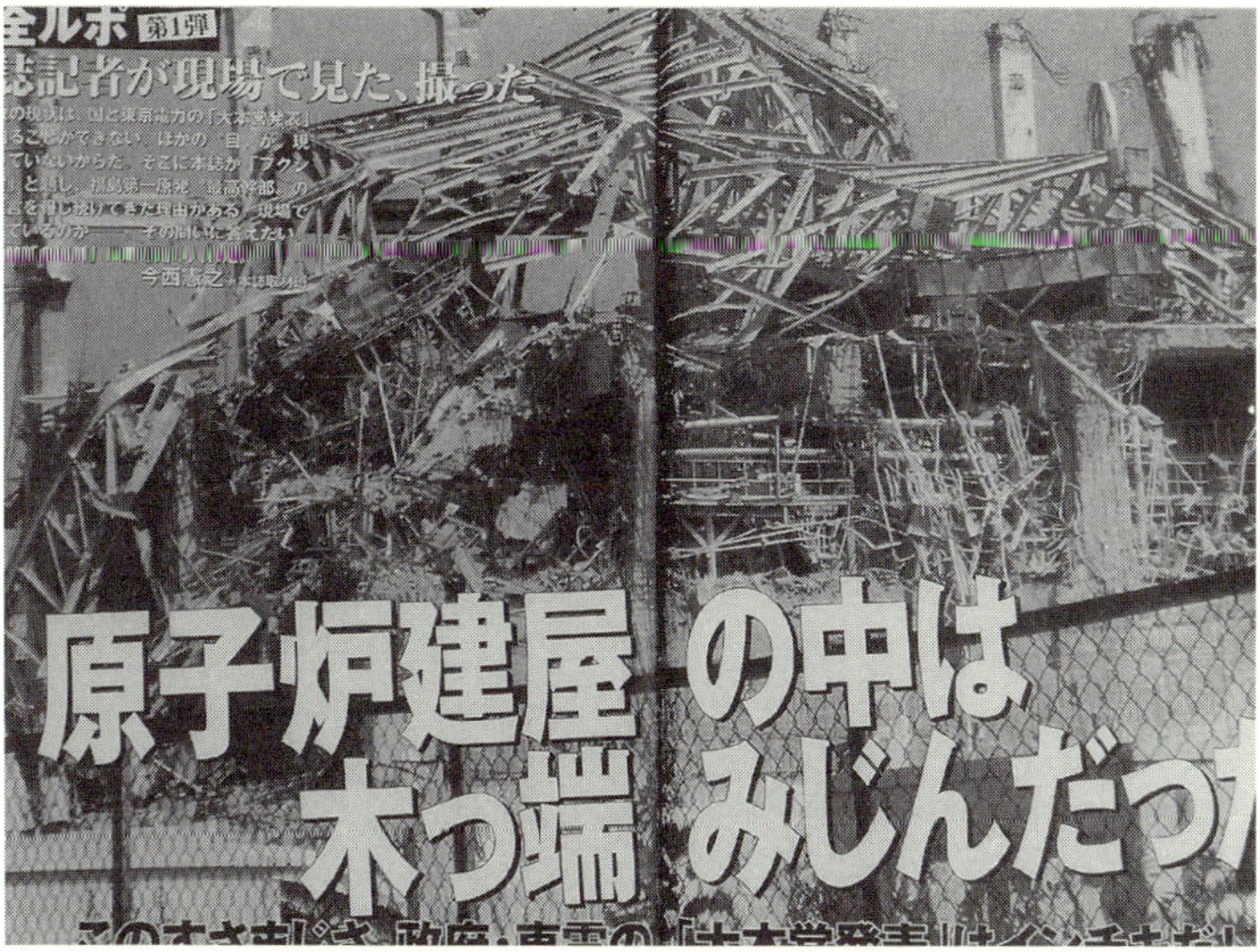
全ルポ 第1弾
記者が現場で見た、撮った
今西憲之
原子炉建屋の中は
木っ端みじんだっ

「週刊朝日」2011 年 9 月 16 日号

X氏ら幹部数人のサポートで、事故後しばらくしてから複数回、継続的に中に入り、状況を見てきた。大震災から半年をむかえようといういまこそ、私が見てきたこと――いま福島原発の現場で起きている「現実」をリポートしよう」と続く。

さらに「私を内部に招き入れたX氏の思いは明快だった。『……本社も国もここで起きている本当のことを広報していない。だから、きちんと現場を見て感じて、それを報じてもらうことが大切だと考えたのです。それによって、国民が知ることができるのですから』」と、自分が入れたのは、内部にいる正義の協力者がいたことを明らかにしている。

これが筆者が先述した、本気でやる気だな、と相手に思わせた時、必ず協力者が出て来る、ということなのである。

今西氏は続ける。「……まずX氏らに手伝ってもらいながら防毒マスクを装着する。マスクを顔につけて押さえると、X氏がベルトをギシギシと締め付けていく。すごい圧迫感だ。……しかも重い。首に重石をつけられたようだ。ゴム手袋をはめ、靴の上からビニール製のカバーをかぶせ、ピンク色の粘着テープでグルグル巻きにしていく。汚染水が入るのを防ぐためだという。……いよいよ第一原発のゲートをくぐると……私は車の中からデジカメで動画撮影を始めた。迫るように視界に入ってきたのは、『四号機』だった。地震・津波と爆発で、建屋のコンクリート壁は、ゴツゴツとした岩の塊のように飛び散り、鉄筋がむしり取られたように飛び出している。巨大なコンクリート片が鉄筋に引っかかったまま、壁面にぶら下がっていた。新聞やテレビ映像では散々見てきたが、これは全く違う。……体が凍りついたように固まってしまった」

「X氏が緊張した面持ちで、こう語った。『この周囲が、今敷地内で最も高線量の場所のひとつです。……本来ならもっと厳重に放射線を遮断しなければいけませんが、復旧作業を優先させていて、その余裕が無いのです』……そして、排気口の奥に巨大な瓦礫の山が見えてきた。――ハッとすると、それは紛れもない『三号機』の朽ち果てた姿であった。……入り口の扉は爆風で吹き飛ばされ、黒い闇が口を開けている。隣接する地下貯蔵建屋までもが、鉄骨の骨組みをさらけ出していた」

「防毒マスク越しにX氏が『少しだけだよ』と言うので、車を降りてついていくと、そのまま原子炉建屋の入り口から中へ。そこは配管とコンクリート片、そして鉄鋼の支柱などでグチャグチャになっていた。頑丈なはずの原発内部は、歩く道筋すら分からないほど潰れていた。『放射線が高い場所だから、ここまで』……何もみえず、感じない。『だから分からないのです。戦争で爆撃されれば音もするし、見えるでしょう。津波だって見える。でも、放射線はこわいのです。放射線は何もない』」……こうして、レポートは延々と続く。

東京新聞の九月一一日付コラム「週刊誌を読む」に、月刊「創」編集長の篠田博之氏が、こう書いている。

「週刊朝日」九月一六日号が、週刊誌としては異例の一〇ページをさいて「福島第一原発完全ルポ」を掲載している。原発の敷地内だけでなく、原子炉建屋の中にまで入ったルポである。「週刊朝日」の場合は、朝日新聞社とは別の関連会社の発行だし、このルポもフリー記者が書いたものだ。棲み分けに従ってはいるのだが、新聞社系週刊誌がこういうゲリラ取材を敢行し、掲載した意味は小さくはないだろう。筆者の今西憲之さんは、講談社の雑誌「g2」にも同じ第一原発ルポを書いており、こちらには、少し踏み込んだ記述がなされている。今西さんはこう書いている。「記者が現場を見ることを放棄してしまったら、存在価値はない。東電や保安院のフィルターがかかっていない状態で自分の見たまま、感じたままの第一原発の現状を書きたかった」。国や東電の情報公開のあり方だけでなく、マスコミ報道のあり方にも、今回の記事は一石を投じたと思う。

所長取材一五分の「見学会」

それからさらに二ヶ月が過ぎた、大震災から八ヶ月が経った一一月一二日になって、政府と東京電力は福島第一原発の敷地内を事故後初めて報道陣に公開した。細野原発担当相による事故収束作業の視察に記者らが同行する形で入った。事故発生からずっと現場で陣頭指揮をとってきた吉田昌郎所長も公式に初の取材に応じた。朝日新聞は一三日付で概要次のように書いている。

敷地内にはまだまだ放射線の高い場所がある。取材ルートは線量の低い場所が選ばれたが、それでもバスで三号機のそばを通った際、他社の記者の線量計のアラーム音が鳴った。東電社員の測定で毎時一ミリ（一、〇〇〇マイクロ）シーベルトだった。

敷地内にいたのは約三時間。測定では記者の積算被曝線量は六九マイクロシーベルトだった。吉田所長は白い防護服姿で取材に応じ、「三月一一日から一週間で死ぬだろうと思ったことは数度あった」と事故を振り返った。最初に一号機で爆発があった時のことにふれ「どういう状況かわからず、最悪、格納容器が爆発して放射能が出てくることも想定した。メルトダウン（原子炉内の燃料が溶けて底に落ちる炉心溶融）が進んで、コントロール不能になってくれば、これで終わりだという感じがした」と述べた。危機的な状況からいつごろ脱したかについては、「六月いっぱいまでかなり大変な思いをした。本当に安定してきたのは七、八月」と明かした。事故を起こしたことについて、深刻な面持ちで「福島県のみなさま、国民のみなさまにご不便、ご迷惑をおかけしたことをおわび申し上げたい」と話した。取材は約一五分。事故時の詳しい状況も政府の調査に応じていることを理由に答えなかった。

要旨、以上の記事の別面で、こうも書いている。

朝日新聞社は事故以降、福島第一原発での敷地内で記者が直接取材できるよう何度も申し入れてきた。東電と政府は、そのたびに「事故の収束作業に支障が出る」「敷地内の放射線量が高い」などと拒んだ。……作業や放射線量を理由に拒否しにくくなるなか、細野原発担当相も……復旧状況の視察に記者団を同行させるというかたちで取材を認めると発表した。ただし敷地内の線量でまだ高い場所があることなどを理由に、取材範囲はごく一部に限られた。

取材陣の積算被曝量は法令に基づき一〇〇マイクロシーベルト以下にすることが目標とされ、免震重要棟に入る時を除きバスから降りることはできなかった。人数も限定された。新聞社や通信社、テレビ各社は東京の内閣記者会加盟の常勤一九社、福島県政記者クラブ七社、外国プレス代表ら計三六人。フリーランスやインターネットメディアの記者は認められなかった。

内閣官房は当初、核テロ対策のため、原発敷地内で報道陣が撮った映像や写真を東電側が後で見て、場合によっては削除を求めると説明した。通常の原発取材では、核テロ対策のため撮影する場所は制限されることはあるが、写真を見せることはない。朝日新聞社は「憲法で禁じられた検閲にあたるのでは」と指摘。結局、撮影場所の限定にとどまった。

以上、「公開、一部に限定」の見出しで朝日は報じている。

筆者から見れば、敷地内で記者が直接取材できるよう何度も申し入れた、とはいうが、「いまはまだダメ」の答えしか東電、政府から帰って来ないに決まっていることを、ただ重ねていたに過ぎず、ならば独自にあの手この手で現場へ入ろうとの強い決意も行動も無かったわけで、この日の事故から八ヶ月ぶりの現場取材も、政府、東電の発表をクラブ記者がずっと垂れ流してきた「大本営発表」の延長線上での「現場取材」だったに過ぎない。

その後、年が明けて二月二〇日、東電と政府は報道陣に二度目の現場公開を行なった。「事故収束宣言後初めて」で、経産省原子力安全保安院が事故後初めて保安検査をするのに併せて行われた。原発敷地内にいたのは約四時間。「事故後の発電所で報道陣が屋外に出たのは初めて。四号機原子炉建屋には、燃料取出しに向けてがれきを撤去する作業員の姿があった」（一一月一一日付、朝日新聞朝刊）。「傷なお深く」の見出しで全体には極めて情緒的な「見学記」といえる。

吉田所長はその後、健康診断で病気が見つかり、一一月二四日に入院、一二月一日付で所長を退任した。東電は病名や被曝線量については、個人情報のため発表できない、としている。

期待したい新たな胎動

朝日新聞が一〇月三日の朝刊から始めた長期連載「プロメテウスの罠」は数ヵ月にわたって続けるとしており、ずっと読んでいるが、遅まきではあるがやっと原発放射能被害が及んだ被災現場の住民のナマの声を読者に届けるルポと検証記事が紙面に登場した、と評価したい。政府や東電が、日ごろ地元に手厚く尽くして来たにもかかわらず、原発事故発生以降の住民の健康保持第一への対策が、情報伝達もなく放射線量隠しや、根拠の薄い安全強調などいかに欺瞞に満ちていたか、そのために振り回され、ばらばらに避難を余議なくさせられ、先行きの見えない状況が伝えられている。「防護服の男」「研究者の辞表」「観測中止令」「無主物の責任」「原子村に住む」……などのタイトルで、被曝の事実に迫ろうとする様々な立場からの動きを抑え、排除しようとする原発擁護・推進側の権力側の動きも伝えている。

ただ、扱いが小さなハコものであるのは残念だ。すでにすっかり雑誌化している新聞編集なのだからもっとハデにデザインしてほしかった。このことは、夕刊で続いている「原発とメディア」の検証連載ものについても言える。

今後も視点がぶれずに徹底追及していけば、情報提供の輪が広がり、福島第一原発の内幕が、さらにはいわゆる原子力村の実像が暴かれ、場合によっては、単発ものの大スクープもあるかもしれない。それを突破口に調査報道による「原子力権力」の追及に迫ることを期待したい。

いまひとつ、一人のジャーナリストが、全く個人の立場で、四月末から今もずっと大震災の被災地をこつこつと歩き続けて取材して来た。朝日新聞東京本社の編集局長も務めた外岡秀俊氏だ。大震災のひと月ほど前の二月に早期退職での退社手続きをしたあと、三・一一が来た。阪神淡路大震災の取材体験もあるところから、残る在職期間中に今回の被災地を一度取材した。その後、郷里の札幌に戻っていたが、「なぜ東北に行かないの？」との母の言葉にも押されて、「名刺のない」取材を決心して始めた。

そのレポートはグーグルで「外岡秀俊　三・一一後の世界」で検索すると、ウェブリブログのブログ名が出る。ブログ紹介には「この国と世界を変え、これからも変え続ける二〇一一・三・一一について、亡くなられた方への哀悼をこめて、考えていきたいと思います」とあり、四月二七日の「北国に来た遅い春」で、この取材を始めた経緯にふれたあと、青森から盛岡へ、そして宮古に入り、派出所で借りたレンタサイクルで第一歩を踏み出し、詳細な宮古のルポが始まる。やがて、緊急時避難準備区域「南相馬の現実」「双葉病院のこと」「フクシマ論」「富岡町の場合」「朝日ジャーナル」「恐るべき詩人の直覚」「検証・双葉病院」などと続き、一一月八日には「自主避難の人々は今」を取材しており、ブログを開けば膨大なデータを含む、問題意識を持った稠密なレポートの全文を読むことが出来る。今年二月一六日には塩釜にいて、北海道旭川市で乾物卸業を営む社長が震災当日、塩釜で津波を体験した話を綴っている。一人のジャーナリストが全被災地を縫ってルポをするという唯一の貴重なレポートは、先述したが、岩波新書から出版された。

東京社会部のOB会の一つで、外岡氏を招き話を聞いた。「大震災と津波、そして原発事故と複合災害になったが、新聞を読んで考えたことは、記事が人情ものが多く、深刻な課題を突きつけていないということだ。東海村のJOC事故の際の厳しい基準や各社間協定などが影響したのか、現場に新聞記者が行かなかったのは自己規制のせいだと思う。南相馬の場合、当初は計画的避難区域、緊急時避難準備区域と追加的避難対象地点の三種類に区分けされていた。全部のマスコミが避難して外国メディアは残ろ、という状態になり、数万人の住民がいるのに、記者がいない。あるいはいても、いないことになっている。異様なことだ。恥ずかしいことである。被災者の視点に立っていない」と手厳しい内容の話も出た。

（2）　隠蔽の壁に立ちすくむ新聞

隠蔽する者と疑わない者と

大本営発表の垂れ流しで日々の原発事故に関わるニュース報道を続けて来た新聞に対して、東電はいわばそれをよいことに、東電側にとって都合の悪い情報を、実は国民にとって、特に被災住民にとって重要な内容であっても、それを平然と隠蔽し、或いはデータの数値をごまかす、時期をずらして出す、などの情報操作を行い、記者たちは当然のことながらそれにまんまと引っ掛けられることが相次いで起きた。政府側の発表も原子力安全委員会や原子力安全・保安院が事故機の現在おかれている状況の情報については東電の情報に頼らざるを得ず、危機管理の立場から東電を情報管理で押さえ込むことは出来ず、安全委や保安院が現場情報を先に握って東電に指示をすることはほとんど無いに等しかった。

あとで、情報の遅滞、情報隠しが分かると、決まって「あいまいなデータのまま公表することは世間をいたずらに騒がせ、不安を増幅させることになることを恐れた」との言い訳で済ませる。これだから政府と東電の関係もギクシャクして情報の一元化には程遠い形で推移した。東電にとつて日頃から安全委や保安院はお目付け役ではなく、原発の監視などはお題目でつねに推進の立場で機能している公的機関なので、東電はこれらを恐れる体質には全く無縁のところにいた。

かつて電力会社の情報隠しで社長の辞任にまで至ったケースがあったが、この件などは電力側の事後の対応のまずさがむしろ原因の例外的な事例である。従来から、原発事故、故障などに対するマスコミの追及取材が皮相的で、その都度徹底した深堀り取材をして来なかったから、東電にとっては、この程度の情報をまず出しておけば、この場は切り抜けられる、という判断が日常的に働く体質になっていたといっても過言ではない。

だからアメリカ側や民間の調査から流された数字データを記者側が質問してやっと東電や政府がそ

うした情報もあることを認める、などの事態もあった。情報の積極的な開示で「原発のいま」を刻々知らせる姿勢に変わるまでには長い時間がかかり、そして、今でも中心は東電情報だけが頼りであることに変わりはなく、依然として全面的に信用出来るわけではない。

原子炉で相次ぐメルトダウンが起きていることは早期にわかっていたのに、勝俣恒久会長が一〜四号機の廃炉の方針に言及したのは三月末である。

なぜ、こういう事態になっているかといえば、新聞の場合、科学部が原子炉と原子力発電の仕組みなどに詳しいのは当然としても、事故、それも今回のような複合的なダメージは恐らく考えてもいなかった、ことがまずある。新聞社の中で稼働している原発の実態を常時フォローする体制は出来ていなかったに等しい。事故や故障のときに地元と中央の関係部の記者がそのときその時に電力会社や当局側の発表する内容で報道して来た。

原発がある現地の記者はもちろん、中央で例えば経産省を担当する経済部、社会部記者、原子力行政を取材する政治部、科学部記者、原発を製造する企業を担当する経済部記者、地方の県庁記者クラブに籍を置く記者もそろって、原発の危険な側面についての取材は日頃して来なかった。

今回の事故後浮き彫りになった原子力村に関わる電力会社、科学者、行政機関に対して常時「疑って取材する」姿勢はまず持ち合わせていなかったのが実情だ。その延長で反原発の学者、反原発の運動、反原発訴訟などにも、全般的にはいわば変わった考えの人たち、という視線で裁判結果の報道はしても、日常取材はして来なかった。

仮に一つの事故をきっかけに、発表された原因に関しての表面的な警告記事に留まらず、その事故の奥に潜む危険、内在している弱点に関心を持って関係者をしつこく追及、追跡していたら、朝日の連載「プロメテウスの罠」に登場する燃料棒制御にたずさわりつつ日常的に疑問を抱えていたような人物のナマの声に或いは到達できていたかもしれない。無いものねだり、のように思えるかもしれないが、専門学者のなかには一貫して原発の危険を主張して来て、いまになって脚光を浴びている人たちや、原発内部に過去にいて作業内容から疑問を感じていた人たちもいるわけだから、そうした人々へのあくなきフォローを続けていたら、一面トップの調査報道記事の可能性が全くなかったわけではないと考える。

本来、原発を監視するはずの保安院が推進側の経産省の中の組織であるなども、そこが日頃何をしてきたのか検証する報道は可能であった。もちろん、これらは先にも書いた無いものねだりの側面はあるにしても、そのような問題意識と座標軸、感性でアプローチされたケースが皆無に近かったことが、今回の東電発表のデータ隠蔽、政府側の場当たり主義を許し、紙面でその都度「なぜ隠す、なぜでたらめデータを発表するのか」と追及しなければならない下地であったと筆者は考える。

取り繕いを衝くのは記者より学者

四号機などの原子炉圧力容器の設計に携わり、『原発はなぜ危険か』（岩波新書）の著者でもある田中三彦氏は月刊誌「世界」七月号での座談会「安全な原発などありえない」で以下のように発言している（要旨）。東電の説明責任が十分に果たされていないことを衝いている。

東京電力は五月一五日になって、第一号機がメルトダウンを起こしていたことを発表し、翌日、地震直後のデータを公開した。東電のまったく支離滅裂だ。一五日には、地震後一五時間のうちに、急に水位が下がってメルトダウンを起こしたと発表している。ところが翌日に公開した地震直後のデータでは、観測された水位データが前日に発表した水位と大きく乖離している。

メルトダウンしたことは確実なのだが、東電が発表したのはシミュレーション解析であって、こういう条件で計算するとこういう結果になるという例にすぎない。ではあのタイミングで発表した目的はなんだったのか。東電は悩んでいた。ロードマップで約束した水棺方式は注入した水がどこかに消えてしまうので、他の方法へ舵を切らなければいけないが、それだけの理由付けがいる。しかし、シミュレーションで「メルトダウンした」と言えば、「では格納容器に穴があいたのではないか、水が地下に漏れ出しているのではないか」という質問が記者から出て、東電側は「断定は出来ないが、そうかもしれない」と答える。東電自らは格納容器に穴があいたと言わなくても、周囲がそのように認識してくれる。かくして翌々日、東電は水棺方式から地下の水を吸い上げる方式にロードマップを変更した。

東電のシミュレーション結果は、実際の水位変化と一致しない、現実と乖離したものだ。重要なのはどうしてメルトダウンしたかだ。どういう条件を入力するとあんなに早く水位が落ちるのか、東電はそれをきちんと説明しなければならない。水位を減らす要素は二つしかなく、第一は配管の破断で、第二は「逃がし安全弁」の開閉動作が自動もしくは手動でなされること。これらの場合に、原子炉圧力容器内の蒸気や水が格納容器へ噴出するので、格納容器の圧力は上がり、原子炉圧力容器の水位は下がっていく。その二つの要素を東電はシミュレーションの中でどのように扱ったか。原因やプロセスに目を向ける必要がある。格納容器の圧力が上がって放射性物質を含んだ蒸気を大気中にベント（放出）するというときに、なぜ格納容器の圧力が上がっているのかを東電はきちんと説明しなければならない。また、どうして原子炉建屋最上部が水素爆発で飛んでしまったのか。原子炉圧力容器の中で発生した水素が、どうやって原子炉圧力容器から格納容器へ、さらに格納容器から建屋最上部へと移動していったのか。

同じ座談会の席上、浜岡原発三、四号機の設計に携わった後藤政志氏も、次のように述べている。

何より問題なのは、格納容器から放射能が出続けていることだ。二号炉は圧力抑制室が壊れたという情報が早い段階で出たし、一号炉と三号炉も確実に壊れたと私は思っていた（五月二四日、一、三号機も燃料の大半が溶融していたと東電が発表）。炉心がやられて格納容器の圧力温度が上がるのだが、格納容器の設計条件は約四気圧、温度は一四〇度、それを超えてくると放射能が漏れる可能性が出てくる。圧力が二倍から三倍になれば必ず漏れてくるだろう。むしろ状況は、どれくらいの量が漏れるか、水素はどのぐらい発生するかを考えたほうがよいレベルだ。今回メルトダウンしていると発表したことに関して気になっているのは、東京電力の副社長が、メルトダウンはしたが、今は冷却しているのだから問題はないかのような発言をしていることだ。東電の人間はそう考えるのかと愕然とした。この時にいちばん心配されたのは、溶融した核燃料が格納容器を突き抜けているのであれば、蒸気爆発するリスクが非常に高くなることだ。さらに再臨界の可能性も出てくる。最初の時点であそこまで炉心が溶融していたということは、破局的なリスクが極めて高かったわけだ。東電が本気で今は冷えているから問題ないと思っているなら、最もリスクの高いことを押し殺して気づかずに無視してきたことになる。

炉心の状態も不明なうえ、放射能を閉じ込める機能を失って、放射能が漏れ続けている。水を入れたら高濃度の汚染水が漏れ、圧力が上がったら気体が出ていく。つまり、原子炉本体と我々の住んでいる空間が何の隔てもなくつながっている。東電による事態収束のロードマップからは、その厳しい認識が微塵も感じられない。東電は冷却系の話ばかりしているが、放射能を出し続ける事態は非常に罪が重い。

原因に迫るにも事故調頼り

以上のような「世界」誌上での指摘があったあと、八月一七日になって、政府の事故調査・検証委員会（畑村洋太郎委員長）の聞き取り調査に対して、東電の関係者が以下のように証言した。最初に水素爆発が起きた一号機の事故発生当日の対応について、運転員の判断で非常用冷却装置を止めたのに所長らがその情報を把握せず対策を取っていたと証言していることがわかった。専門家は安全上重要な情報が伝わらなかったことで、事態を深刻にした可能性があると指摘している。一号機では、すべての電源が失われても原子炉を冷却できる非常用復水器が備えられていて、地震発生直後に起動したが、一一日午後六時半ごろから約三時間にわたって運転が止まっていたことがわかっている。

この理由について、「復水器が起動していれば発生するはずの蒸気が確認できなかったため、一号機の運転員が復水器の中の水がなくなっているいわゆる『空だき』になっていると疑い、装置が壊れるのを防ごうと運転を停止した」と証言していることがわかった。

安全上重要なこの情報は、当時、免震重要棟で指揮を取っていた吉田昌郎所長ら幹部には伝わらず、非常用復水器が動いているという前提で対策が取られていたこともわかり、吉田所長は「重要情報の把握漏れは大きな失敗だった」と言う認識を示しているという。

一号機は、東電の解析で、地震発生から五時間という短時間のうちに原子炉の燃料が溶け落ちるメルトダウンになり、大量の水素が発生して翌日の一二日に水素爆発を起こしている。

これについて、エネルギー総合工学研究所の内藤正副部長は「非常用復水が動いていれば原子炉に一定の水位があったはずだが、実際にはどんどん水位が下がっていたわけで、一刻も早く別の注水手段をとるべきだった。重要な情報が伝わらなかったことで、メルトダウンまでの時間的余裕があると思い込み、事態を深刻にした可能性がある」と話している。

フォローする東京新聞

以上は同日のＮＨＫニュースが伝えたものだが、筆者が問題にしたいのは、この重要な経緯が事故から五ヶ月余も経って世に伝わった点で、東電は直後からこの事態をつかんでいながら発表しなかった、という点と、取材陣がもっと独自取材を深くしていればつかむことも出来たのではないか、ということだ。

一方、以下はNHKも伝えているが、八月一八日付の東京新聞によれば、事故調査・検証委に対し東電は「三月一二日に起きた水素爆発は事前に予測していなかった」と説明していることがわかった。関係者によると、現場は原子炉への対応に追われて爆発を想像できず、一二日午後三時三六分に一号機の原子炉建屋で水素爆発が起きた。過熱した核燃料と水が反応して発生した水素が、格納溶器から漏れ出したことが原因とみられている。

同紙のこれまでの取材で、東電は二〇〇二年と〇四年、格納容器での水素爆発を「考慮する必要がない」と結論付けた報告書をまとめていたことが判明。二つの報告書では、格納容器から水素が漏れる可能性はまったく検討していなかった。事前の想定の甘さが、事故対応でのもたつきにつながった格好になる。

また同紙によれば東電は一七日、同原発の吉田所長が「私どもの事故で多大なるご迷惑をおかけしておりますことを深くお詫び申し上げます」と謝罪する様子などを撮影した動画をホームページで公開した。現場の「指揮官」の肉声が公表されるのは三月の事故後初めて。動画は「福島第一原発　現場からの報告」と題し、約六分。ほかに作業員の被曝線量管理や熱中症対策の様子、汚染水の処理設備などを紹介している。吉田所長は白い防護服姿で福島県民、国民に向けて謝罪の言葉を述べ、深々と頭を下げた、と伝えている。

いい加減な情報ばかり小刻みに発表する東電本社とは異り、的確な問題意識を持ち好判断を続ける吉田所長については、現場を離れず次々に襲う危機的な局面で、責任感をもって踏ん張り陣頭指揮を取り続け、最悪の再臨界を避けて今日まで持ちこたえていることに大勢は信頼と評価の声が高い。

朝日が当時徹底追及していれば

事故発生からわずか五日目の三月一六日の朝日新聞朝刊が早速、「東電『隠蔽体質』脈々」との見出しで、要旨次のように書いている。

対応に追われる東電社員の一人は、ため息をつく。「官邸は何でも事業者（東電）に押し付けてくる。事態の深刻さは承知しているが、私たちが報告する相手は本来、保安院のはずなのに」

官邸との意思疎通のちぐはぐさが際立つ東京電力だが、そもそも都合の悪い事実を隠そうとする姿勢が、今回の対応からは垣間見える。

東電は原発の状況を公表する際、原子炉内の水位や、放射線の測定結果など都合の悪い数値を進んで明らかにしてはいない。一五日未明の記者会見では、福島第一原発の正門で高い放射線量が測定されていたのに、その二分前のより小さい測定値を説明。記者から指摘され、高い測定値の存在を認めた。

中性子が検出された事実も、はじめは明かさなかった。中性子線は核分裂反応を惹き起こす。金属板も貫く危険な放射線だ。

こうした物事を隠そうとする姿勢は、いまに始まったことではない。二〇〇二年には、表面化した原子炉内設備の損傷隠しが発覚した。社長、会長が退任し多くの原発が停止に追い込まれた。

損傷隠しを招いた隠蔽体質をただすため、東電は、なぜ隠したのか、社内で詳細に分析している。そこで浮かび上がったのは、「原子力村」ともいうべき、異様な専門家集団の存在だ。原子力の技術者が「どうせ説明しても理解してもらえない」と思い込み、進んで情報開示する風土が育っていなかった。

反省を踏まえ、体質は改まったかにみえた。ところが〇七年初め、またもや原発での隠蔽が発覚した。発端は、北陸電力の「臨界隠し」だったが、東電でも、原子炉を停止させる「制御棒」の駆動装置の検査で、福島第二原発の担当者が、予備品の不足を隠すために模造品をつくり国を欺いていた。

以上、朝日は東電の体質を紙面で伝えている。しかし、過去に二度あった損傷事故と模造事件の時、調査報道で徹底した追及まではしていない。とくに後者などは由々しき問題のはずだ。

「ペテン説明会」の内幕暴露は週刊誌

七月六日の衆院予算委で、共産党議員が九州電力の玄海原発の再稼働に向けた佐賀県民向け「説明番組」で、九電関係者が運転再開を支持するメールを番組に向けて送るよう市民に依頼したことを暴露、「やらせメール」事件と問題になった。これを受けて「週刊文春」七月二一日号が「東電元社員が明かす『ペテン説明会』全手口」と題して、原発立地に関する国主催の公開ヒアリングが、東電お手盛りの出来レースだった実態を、各地で開かれた実例をもとに詳細にレポートし、国民を平気で欺く東電の体質を告発している。

　東電がやらせを行った舞台は、政府が主催する地元住民への公開ヒアリングだ。地元住民からの質問を文書で集め、ヒアリングで質問をする意見陳述人を選ぶ。反対が多いとまずいので、地元にいる東電の渉外担当社員に連絡、推進派の応募を集めるよう指示する。質問も東電社員が作る。こうして公開ヒアリングの陳述人の比率が、反対派と推進派で三対七くらいになるようにする。原発の安全性を二重にチェックするための原子力安全委員会に向けた第二次公開ヒアリングがある。これは経産省が答えるもので東電は一切介入できない。ところがこの裏方作業を、東電がすべて丸抱えでやっていた。当時通産省の回答までも、東電があらかじめ用意する。さらには傍聴者も東電が仕込む。

　さらに重大な問題は、費用の肩代わり。ある公開ヒアリング（誌上では特定）には、会場の設営、警備、過激派対策のバリケード、看板など総額一億円を要した。原子力安全委員会主催であるにもかかわらず、その費用の大半は東電が負担した。

　国家が掲げてきた原子力の安全性は、やはり政府と東電の茶番劇によって成り立っていた。以上が「週刊文春」によるスクープの骨格である。新聞が週刊誌にしてやられている。

「待ちの姿勢」が隠蔽を生む

朝日は「隠蔽体質」を取り上げた同じ紙面で「危機管理後手、政権・東電　不信の壁」で双方のギクシャクぶりを要旨次のように伝えている。

一五日午前五時過ぎ、首相は東京・内幸町の東電本社で、居並ぶ東電側の面々を前に罵声を浴びせた。

「撤退などあり得ない。覚悟を決めてください。撤退した時は東電は一〇〇％つぶれます」

なぜ首相は東電に乗り込み、激高したのか。伏線があった。ある閣僚経由で「東電が福島第一原発からの社員引きあげを検討している」との情報が寄せられていたのだ。首相は先手を打ってクギをさしたのだった。首相は政府と東電が一体で危機管理にあたる「福島原子力発電所事故対策統合本部」を東電本社内に設置し、自らが本部長に就任した。

首相の不信感は、福島第一原発での爆発当初から始まっていた。

大震災翌日の一二日午後三時。首相は官邸に野党七党の党首や幹部を招き、震災対応をめぐり会談した。その最中の同三六分、同原発一号機で水素爆発が起きた。にもかかわらず、最後まで爆発に言及しなかった。首相は一五日の東電訪問で「テレビで爆発が放映されているのに、官邸には一時間くらい連絡がなかった」と語り、発生直後に連絡がなかったことを示唆した。

翌一三日、首相は東電の清水社長を官邸に呼びつけ、約一時間にわたり会談。この席で、首相は「情報を早く（官邸に）上げてほしい」となじったという。

朝日新聞が入手した東電の内部資料によると、事故発生から三日後の三月一四日に水素爆発を起こした三号機の原子炉建屋について、その前日から高い放射線量のデータを把握していたにもかかわらず、公表していなかったことがわかった、と五月一三日付朝刊で報じ、東電の隠蔽体質が作業員の負傷につながった恐れがある、と指摘している。

　この爆発で東電社員七人が負傷。今後の事故検証で、データを共有しなかったことが避難の遅れにつながらなかったかなど、東電の対応ミスの有無が焦点の一つになる見通しだ、とも書いている。内部資料には、三号機については、一三日から、原子炉建屋内の高い放射線のデータや水素が増えている可能性について記述があった。「二十扉内側三〇〇ｍＳｖ／ｈ（ミリシーベルト毎時）」（一三日午後一時一七分）……などだ。毎時三〇〇シーベルトは、第一原発の作業員に限って認められる年間の上限線量二五〇ミリシーベルトと比べても非常に高い数値だが、東電はこれらのデータについて未公表だ、と報じている。

　朝日が内部資料を入手、特ダネで報道しているが、現場の数字はもちろん東電任せで、二ヶ月後に報じている。

　このような、重大なデータ隠しをしておいて、即座に原因の究明と緊急の対策を取らず、その翌日に、隠したデータが原因とみられる爆発事故が起き、負傷者まで出ているのだから、将来、訴訟の対象にもなり得る東電本社のミスであろう。より重大なのは、度重なる事実隠蔽が、原発事故によるさまざまな被害を受けている地元住民はいうに及ばず、いまだに安定しない原子炉の先行きに不安を持つ国民からの東電への不信感が、隠蔽の度ごとに増幅されていることである。深刻な事態に至っているこの期に及んでなおかつ危機管理意識に乏しく企業防衛の姿勢から抜け出せないことが、最大の不幸である。とくに現場からはデータが上がっているにもかかわらず、公表をしないで通そうとする本社側の判断が間違っている。今まで経済界の王者であり続け政も官もマスコミすらも自在に動かして来た原子力村を背景とする支配構造が、このような非常時にも上から目線でことを運ぼうとする姿勢につながっている。この姿勢が続く限り、万が一、再臨界というような最悪の事態が起きそうな場合でも、事前に予兆を察知しながら内々で処理しようとして失敗するという事態につながらないという保証はない。

東電を信用できない以上、新聞は東電の発表に対して「待ちの姿勢」で場当たり主義で臨むのでなく、東電の持つ隠蔽体質をさまざまな手法で追及し、データ隠しをしているなら内部告発者を探し、アプローチして社会的正義を訴え、真実に迫る努力をしなければなるまい。

三月一六日付の東京新聞朝刊は、「東電と連携悪く」との見出しで、第一原発周辺の住民の避難策も後手に回った、と指摘している。首相は、原子力緊急事態宣言を発令した一一日夜、「原発から半径三キロ圏内は避難、三～一〇キロは屋内退避」と指示。その後一二日朝に「一〇キロ圏内は避難」、同日夜に「二〇キロ圏内は避難」へと避難対象圏を拡大させた。一五日、原発周辺の放射線濃度上昇を受けて、最終的に首相は二〇キロ～三〇キロの住民に対し屋内退避を指示した。「専門家の意見」を踏まえているとの立場だが、結果的に周辺住民を振り回す結果になった。先述した「ＳＰＥＥＤＩ」の存在を忘れるなど政府の場当たり主義もここに極まれり、の感がある。

電源喪失――地震か津波か

この原発事故は、津波による電源喪失が原因といわれ続けてきたが、津波の来る前の巨大地震による設備、計器の破壊がまずあって、津波はその被害を拡大したのではないか、という見方が強まっている。全国の原発の耐震基準に影響を及ぼす重大な問題である。マグニチュード九を超す地震は想定外だったでは済まされない。なぜなら現実に起きたのであり、しかも原発立地の検討段階では、この規模の巨大地震がありうることを指摘した専門家もいたのに、経済性重視の推進派に押し切られた経緯も指摘されているからだ。

東電は、事故深刻化の原因として金科玉条のごとく「想定外の大津波」と唱える。しかし、津波に襲われる五〇分ほど前の地震によって、原子炉が深刻な損傷を受けていたことを示唆する事実が次々と明らかになっている、と六月一日付東京新聞・こちら特報部は伝えている。

東電が先月、公開した震災当日の運転日誌や中央制御室のホワイトボードの写しからは、一号機で原子炉や使用済み核燃料プールに屋外から冷却水を送る配管に「漏えい」があったと確認されている。また、二号機でも非常時に原子炉を冷やす注水系統の異常を知らせる警報が鳴っている。冷却水の漏れとみられる。いずれも津波に襲われる前に発生していた。圧力容器の元設計技術者で科学ライターの田中三彦氏は「飛行機事故ならボイスレコーダーとエンジンレコーダーを照らし合わせて精査する。今回の事故では運転者と実測データの突合わせすらやっていない」と、問題意識の薄さを批判した、と指摘している。つまり、「津波で暴走」は怪しく、「揺れが原因」なのに耐震指針が問題になるので地震による損傷を認めようとしない、とここでも東電の隠蔽体質が批判の対象となっている。

七月一〇日付の朝日新聞は「特集　東日本大震災」として「福島のいま」と題した四ページにわたる詳細なデータを掲載している。事故から四ヶ月、これまでに、原発からどれだけの放射能がどう漏れ出たのか、現状はどうか、漏出を防ぐどんな対策が進められているか、を多角的にとらえている。データは文科省、農水省の調査をベースにしているが、四ヶ月で汚染は大幅に低下、土壌の放射能は風雨で拡散した、としながらも二〇キロ圏内については、はっきりしたデータがない、とも書いている。また原子炉の沈静化はいまだ遠く三号機はなお高い線量で、四号機もプールの水温が下がらないと指摘、とくに放射性物質の水への漏出については、亀裂から海へが年間基準の二万倍に達しており、収束が難しい事故といえる、としている。

東電は事故収束に向けた工程表の中で、「ステップ一」終了時の目標として「燃料の安定的な冷却」を掲げており、汚染水を再利用する循環注水冷却は、この目標の柱と位置づけ、年内に汚染水延べ二〇万トンを処理し、汚染水をゼロにしたい考えだ、というが、事故から四ヶ月経ったこの段階でも漏出リスクが深刻であることを伝えている。東電は亀裂やたて坑を埋めて止水したが、汚染水が残る限り、壁のひびなどから地下水を通じて海に漏れ出す恐れがあるわけだ。

この問題については、東電と政府の事故対応を批判している京大原子炉実験所・小出裕章助教がすでに六月二三日の東京新聞紙上で原発から溶け落ちた核燃料が地中にめりこみ、地下水を直接汚染することが、いま最も危惧するシナリオで、その地下水の海洋流出を防ぐには、地下に遮断壁を造ることが急務だ、と訴えていた。

核燃料が圧力容器の下部に溶け落ちることをメルトダウン（炉心溶融）、さらに外側の格納容器まで突き破ってしまう現象をメルトスルー（溶融貫通）と呼ぶが、小出助教は「格納容器の底を破ったウランの塊は、建屋のコンクリートの土台を溶かしつつ、地面にめり込んでいる。核燃料が地下水に接触すれば、周辺の海などが汚染される。外から水を掛けても、もはや（核燃料を）冷やすことは出来ない。工程表にきれいな絵を描いている場合ではない。遮蔽壁設置は今できる唯一の手段だ」と話していた。

ここで問題にされている高い放射性物質の漏出や、メルトダウンが引き起こしている土壌や海水汚染なども、新聞記者が現場に足を踏み入れ、取材していれば、もっと早くもっと詳細なデータが入手出来ていたはずだ。現場に密着していれば深刻な数値が東京で発表されるまで隠蔽し得ないからだ。現場には強度の切迫感があったはずだ。

放射線被曝——隠されてきた実態

福島市内に住む子ども一〇人の尿を検査したところ、全員から放射性セシウムが検出された内部被ばく問題に対しても「低レベル」と文科省の動きは鈍い。「原発六〇キロで内部被ばく　外出多いと高い値に」と七月一四日付の東京新聞は、六月末に市民団体が発表したこの事実への文科省の対応と保護者らの不安を取り上げている。

「やっぱり福島市まで放射性物質がとどいていたか。子どもたちを内部被ばくさせてしまった」と話した小学生の母親は、転校をいやがる子を数字で説得して、隣県に引っ越した。

給水車への水くみや買い物などで、屋外に並んだ子もいる。検出量が多かった八歳の女児は、一号機が一二日に爆発した翌一三日、三号機爆発の一四日にも一日数時間外遊びを続けていた。

内部被ばくに詳しい矢ケ崎克馬琉球大名誉教授は「セシウムが体内から排出される半減期を一〇〇日とすると、尿から検出された数値の一五〇倍近いものが体内にある」と指摘する。政府の隠蔽体質を指弾するのは、原子力安全委の専門委員を務めた武田邦彦中部大教授だ。「調査は五月だが、事故当初の三月ごろは、空間線量などから試算すると、桁違いに高い内部被ばく線量になる。文科省はそのことを知っていながら早めの対策を打たなかった疑いがある」。高木文科相の「低いレベル」発言には「何の根拠もない」と手厳しい。矢ケ崎氏は「政府には福島県全体の子どもの甲状腺の検査を求めるべきだ」としている。

「甲状腺被曝子どもの四五％　福島県の一一五〇人三月下旬調査」と朝日新聞が八月一八日付で取り上げている。原子力災害対策本部が福島県いわき市での説明会で発表したもので、全体の五五％はゼロ、四五％のうち最高は〇・一〇マイクロシーベルトだった。調査時にその場で「健康に影響はない」との結果だけ保護者に知らされた。数値は通知されず説明を求める声があがった。対策本部は、当時一八歳以下の子ども三六万人について、福島県が一生涯続ける予定の甲状腺の超音波検査への協力を呼びかけた。

解説記事で「実態に合わぬ基準」として、安全委の基準は、被曝の状況が想定と違っていたこと、日本原子力研究開発機構などの分析で、三月一二日〜一五、一六日ぐらいの間に集中して放射性ヨウ素が放出されていたことがわかってきた。検査を受けた子どものなかに、精密検査を受けるべき例があった可能性もある。将来にわたる被曝線量がどれぐらいになるかという推計結果を通知すべきだ、としている。

なんとも恐ろしい事態である。三六万人の一八歳以下の子らは一生涯甲状腺の超音波検査を受け続けなければ、健康を安心できない。しかもその基準があいまいさを残している、と言うのである。この子たちは、親の世代に誘致された原子力発電所が暴発したために、たまたま福島県に住んでいた、というだけで自分たちの健康への不安をこれからの人生、ずっと背負っていかなければならないのである。よほど注意深くこの検査の全容を追跡しなければ、行政側は「問題ないレベル」を繰り返す恐れがあり、ある時期になって突如取り返しのつかない健康被害に見舞われる恐れなしとしない。

「節電キャンペーン」の検証

事故発生後、東電と政府を中心に「電力が足らなくなる」との情報操作・誘導が強引に行われ、「節電キャンペーン」が首都圏を中心に全国規模で展開された。輪番制の計画停電スケジュールまで作られ一部では一時実施された。

八月九日付の朝日新聞「声」欄に「一五％節電、国は説明責任果たせ」との投書が掲載された。

「電力使用制限令」が発動されてから一ヶ月。節電を求められた企業や家庭は我慢して努力している。でも一五％に正当性があるのか。東電管内の七月の最大電力は一五日の四、六二七万キロワットで、昨年のピークより二割以上低い。推計の方法や基のデータが公表されていないので、一五％が妥当なのか検証できない。なぜ一五％なのか説明責任を果たすべきだ。マスコミも当初の政府の説明をうのみにし、国民に協力を求めるだけだった。

この問題について「節電キャンペーン」を検証「〈一五％減〉は必要？ 室温三〇度設定の自治体も〈火力〉の復活、揚水発電〝埋蔵電力〟で乗り切れる 原発再稼働なしで十分」との見出しで七月一五日付の東京新聞・こちら特報部が、危機をあおる背景には「原発再稼働」への思惑が見え隠れする、とポイントを的確にとらえている。

埼玉県越谷市は七月一日から、市役所の冷房温度を三〇度に設定した。同市は二〇〇一年度から節電に取り組み、庁舎内の室温を二八度に設定、電力需要が増える午後一時から三時までは冷房設備を切っていた。そこへ一律一五％削減、市にとっては〝乾いた雑巾を絞るようなこと〟に。栃木県の那須烏山市も南那須庁舎の冷房を三〇度に設定した。東京都環境局が六月から始めた「家庭の節電アドバイザー事業」では一〇〇万世帯を訪問し一五％の節電目標も知らせる。

が、東京消防庁によると、六月一日から七月一三日までに、熱中症で救急搬送された人は七五三人。昨年同期の七倍以上だ。

東電の「でんき予報」によれば、七月一四日の予想最大需要は四、五五五万キロワット。最大供給力に対する使用率は八六％。電力は十分足りたわけだ。電力使用制限令を発動した一日から九日までに、一五％削減の目標を管内で達成できたのは一日と七日の二日間のみ。自動車業界が七月から土曜に稼働し、木、金に休日を実施したからではないか、というのが東電の説明だ。それ以外の効果は判別できない。一五％の妥当性があるのか疑問だ。火力発電所の再稼働、揚水発電などで帳尻を合わせた。「定期検査を終えた原発を再稼働させなければ電力が不足する」などはウソのようだ。

東電は八月九日には、東北電力の供給力逼迫をうけて、すでに融通していた一四〇万キロワットに上乗せして上限を二〇〇万キロワットまで送る準備を始めた、と一〇日付の、こちら特報部が続報を書いている。やはり電力が余っていたことについて環境エネルギー政策研究所の飯田哲也所長は「東電が計画停電なしで夏を乗り越えることができるのは、四月段階でわかっていた。この先、原発が順次運転を停止しても問題がないのは織り込み済み」と話す。

とすると、そのココロは――「原子力損害賠償支援機構法が成立し、事故の賠償金の一部が電気料金に上乗せされる。火力発電所の燃料代なども上乗せされ、電気料金が大変なことになるから」と、このレポートは一五％節電の深謀遠慮のナゾ解きをしている。

工程表――垂れ流し報道との決別を

八月二六日、原発から半径三キロ以内の地域に自宅のある人たちが事故発生以来初めて二時間だけの集団帰宅が実現した。これだけは、という大事なものを持ち出すことは出来ても、かつての生活に戻ることが出来る帰宅は、まったく見通しが立たないことに変わりはない。防護服で身を保護した初老の男性が「私が生きているうちには二度と我が家を見ることは出来ない」とテレビ朝日のニュース映像で話していたのが、その心中を思うと辛かった。放射線量計は一時間も経っていないのに積算で四マイクロシーベルトに達した、との報道もあった。

政府は周辺地区の用地を丸ごと借り上げることも検討している、とも報じられており、それが半径何キロに及ぶのか、どれだけ長期に及ぶのかも合わせ考えると、この熟年男性の発言は、ずしんと重いものがある。

八月一日には、東電が、第一原発の一、二号機の原子炉建屋の間にある主排気筒付近で、毎時一〇シーベルト以上の放射線を測定したと発表した。二日付の朝日新聞によれば、事故後に測定された放射線では最高値で、一度に浴びると確実に死に至る量だ、としている。放射線源は不明。東電によれば、測定されたのは主排気筒の根元付近。「非常用ガス処理系」の配管が主排気筒につながるところ。

一日午後二時半ごろ、がれきの撤去により放射線量がどれぐらい下がったかを調べるため、防護服を着た作業員三人がこの部分の配管の表面を外側から測定した。管の内部はさらに高い可能性があるという。現在は非常用ガス処理系の装置は停止しており外部へ放射性物質が流出する恐れはないという。三月一二、一三日にベント（排気）を行った際に放射線量の高い物質が配管に流れ込みたまった、というのが東電や専門家の見方だ。「一〇シーベルトなぜ　復旧作業に支障も」と事故によって放射性物質が想定を超えた散らばり方をしていることが改めて裏付けられ、復旧作業に支障が出る恐れもある、と翌日の紙面で伝えている。

こうしてみると、福島第一原子力発電所の抱える諸問題が、周辺地区も含めて収束した、と言えるまでには今後何年、何十年先のことになるのか、さまざまな専門家の予測、見解はあっても、突発的な事態が起きない保証もなく、見通しは全く立っていないというのが現実である。

このような先行きの中で、今後ずっと長期間にわたって東京電力は真実のデータを公表し続ける義務があり、政府はチェック機能を発揮して、公正に後手に回ることなく対策を講じ続けなければならない。そしてマスコミ、とくに新聞はこの両者を不断の努力をもって監視し、隠蔽や不正の事実があれば暴露していかなければならない。そのためにも、「大本営発表」的な当事者と当局の発表の垂れ流し姿勢から脱却し、現場第一主義、関係者証言の獲得、独自の調査報道を重視して行動する体制の確立と継続が強く求められる。そうした事態が長期間続くということへの覚悟が必要である。

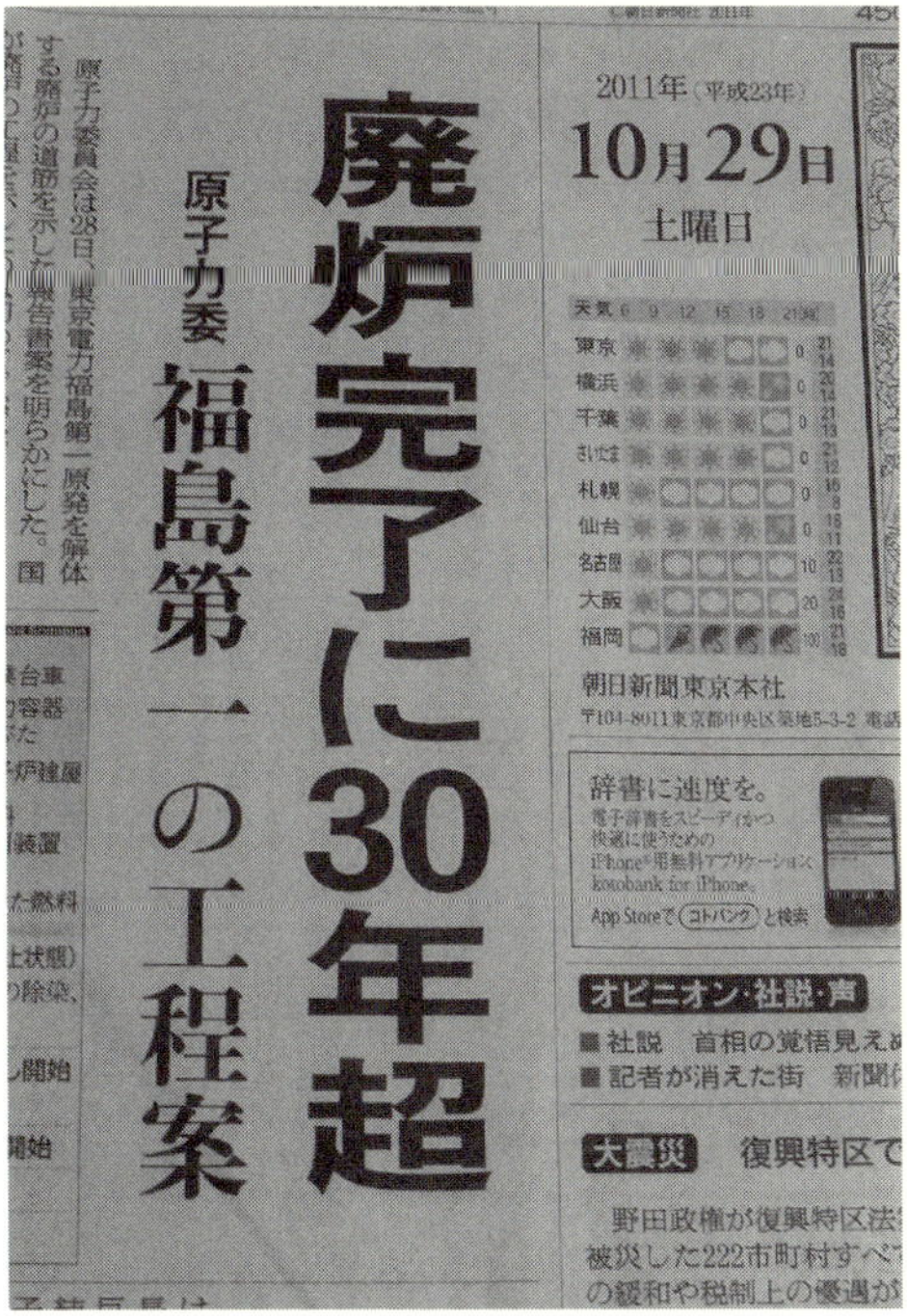
2011年（平成23年）
10月29日
土曜日

廃炉完了に30年超
原子力委　福島第一の工程案

原子力委員会は28日、東京電力福島第一原発を解体する廃炉の道筋を示した報告書案を明らかにした。国

朝日新聞東京本社

辞書に速度を。

オピニオン・社説・声
■社説　首相の覚悟見えぬ
■記者が消えた街　新聞

大震災　復興特区で
野田政権が復興特区法
被災した222市町村すべて
の緩和や税制上の優遇が

2011 年 10 月 29 日付朝日新聞朝刊 1 面

「廃炉完了に三〇年超　原子力委　福島第一の工程案」（一〇月二九日付朝日新聞）「福島廃炉に三〇年超　落ちた燃料回収が難関　原子力委、報告原案」（同日付東京新聞）と各紙が報じた。朝日新聞は要旨次のように書いている。

　原子力委は原発を解体する廃炉の道筋を示した報告書案を明らにした。燃料プール内の燃料は二〇一四年ごろ、原子炉内の溶けた燃料は二一年ごろから取り出し作業を始める。原子炉から建屋まで解体する廃炉作業が完了するのに三〇年以上かかるとの見通しを示した。炉の安定的な冷却を維持する「冷温停止状態」が達成された直後から作業に着手するという。事故を起こした一～四号機には、核燃料が原子炉内に一、四九六体、燃料プールに三、一〇八体入っている。

震災時に運転中だった一～三号機は、燃料が溶けて圧力容器の底に落ち、一部は外側の格納容器に漏れたとみられている。まず、原子炉建屋内を除染しながら破損した格納容器を補修し、内部を水で満たす「冠水」を実施。そのうえで、二二年ごろから、炉内に溶けた燃料を吸引する装置を入れ、取り出しを始めることにしている。取り出し終了は二六年ごろと見られている。原子炉や燃料の破損状態は不明なままで今回の報告書案は作られた。今後、想定外の事態はあり得る。作業完了は四一年以降、いつごろまでかかるか分からない。報告書では、政府、研究機関、東電、メーカーによる研究開発推進本部を作り、海外の協力を得ながら、一体となって取り組むことが強調されている。

(3)「YES／BUT」の舞台裏――神話の語り部たち

「原子力村」を見過ごしてきたマスコミ

新聞はこれまで広告収入源の最大手の一つだった電力会社にはこれからも気を遣っていくことにな

ろう。

自民党政権の原子力担当国務大臣も務めて原子力発電の推進をしてきた正力松太郎氏が社主をする読売新聞に比べれば、朝日新聞は原発の推進に政治的に直接的な関わりはない。しかし、新聞に電気事業連合会の広告を最初に載せたのは渡辺誠毅氏が社長時代の朝日である。直ちに読売がこれに続いた。

朝日の原子力発電に対する社論は「イエス・バット」（Ｙｅｓ／Ｂｕｔ）論でずっと来た。この論旨は端的に言えば、原子力発電は安全でエネルギー源として認めるべきである。しかし、十分な管理を怠らないようにし、故障や事故には安全を第一に対処しなければならない、ということになる。今日の原発災害の根源に触れる社論である。元論説主幹岸田純之助氏、元科学部長木村繁氏、元論説委員の大熊由紀子氏が主導して社内で論議を重ねた上で社論となった。

岸田氏は原子力文化振興財団監事も務める。この社内議論の中で「ノー・バット」ではダメなのか、つまり出来うる限り最小限に限って利用する、にしてはどうなのか、と主張した幹部もいた。このあたりの検証が朝日の夕刊連載「原発とメディア」でなされている。これも検証報道としては中身が濃いが、目立たないページでの目立たない扱いである。

実際に原発の稼働が始まった後は、朝日の社論としての姿勢は、記者教育や取材態度で「バット」は「イエス」の前にほとんど影が薄くなる。現実には「最も安全な効率的なエネルギー源」と容認、推進していく軌跡を残して今日に至っている。原発を取り巻く政治的、経済的、社会的な容認・推進構造「原子力村」がしたたかに構築され、「バット」などはお題目に過ぎなくなった。というより、

「バット」の立場から追及することなどは、日本の高度経済成長に水をさす反社会的な視点と指弾される状況にあった。こうして新聞の批判精神、批判の視座は、「原子力村」の前には無力となる。

関連の公的機関、関連企業、現場に関わる人たち、学者の中で原発の危うい実体のデータや疑問を持っているかなりの層が存在していたはずだが、新聞がそれを掘り起こそう、データ追跡をしよう、との姿勢も行動もしてこなかった。日常の取材の中で内部告発を引き出し、それを調査報道に結び付けて、今日の事態にもっと早くから警告を発するなどは、全くといっていいほどなされなかった。原子力という特殊で難解な科学分野であることも、日常取材では大きな壁であったことも確かだ。

もし仮りにだが、原発施設や東電内部からの具体的なデータを基にした内部告発があり、社会部記者がつかんだとして、記事にする前には科学部との共同作戦が必要になる。原子力の担当記者が、これは確かに重大で原発の安全管理上由々しきことが内部で罷り通っている、となった時、これが紙上で調査報道として大きくスクープの扱いをされたかどうか、当時の社論の「イエス・バット」が「イエス」偏重になっていた状況を、筆者は知っているだけに、正直わからない、との思いもする。少なくとも出稿や扱いに反論する強い力が働いたであろうことは想像に難くない。

しかし、如何せんこのような調査報道を原発に対してしてやろう、との取材姿勢は見られなかった。こうして考えると、今回の原発災害に対する新聞ジャーナリズムの責任を問うとすれば、第一に現場取材の放棄、第二に日常取材の弱さ、そして第三に調査報道の姿勢の欠如が挙げられる。第二、第三については、筆者自身を含め反省しなければならない。

だが、今回の原発事故をきっかけに、社会部と科学部が一体となって、検証連載企画が終わった後も日常的に調査報道の対象として追及していかなければなるまい。発生事後の現場取材放棄を見せ付けられただけに、甚だ心もとないことではあるが。この大失態の名誉回復のためにも「原発と原子力村を調査報道の対象とする」ことを胆に命じて実行してほしい。

「ノー・バット」から「イエス・バット」へ

文春新書『東電帝国　その失敗の本質』（二一一年六月）の著者、志村嘉一郎氏は、朝日新聞東京本社経済部記者のOBで、現役時代に東京電力と電気事業連合会を担当した。表紙カバーの扉裏に「札束で政治家を、天下りポストで役所を、寄付金で学会を、潤沢なPR費でマスコミを支配し『原発安全神話』を作り上げてきた東京電力、長年の取材を元に『驕りの帝国』の実像を描く」とある。この著書での記述によると——。

読売新聞が一九五五年一月一日から、突如、原子力平和利用キャンペーンを始めた。一面には、紙面の四分の一を占める社告が掲載された。「本社では新しい年に当たり、原子力が工業化と経済界への時代に来ている世界の動きを一歩進めるために、日本における原子力工業化を具体的にどうするかを真剣に取り上げる」として、この日から四月までキャンペーン記事の大きな見出しが一面に躍った。

五月にけ、米国から原子力平和使節団を招き、日比谷公会堂で読売新聞主催の原子力平和利用大講演会を開いた。社主の正力松太郎は「日本は原爆の大悲劇を経験、原子力への恐怖の念に襲われるのは無理もない。しかし、日本こそ原子力を平和に利用することが切実である。なぜなら日本は土地が狭く人口が多い。この国民生活の安定を図るには、原子力の偉大な力によるしかない」と挨拶した。一一月からは日比谷公園で原子力平和利用博覧会を四〇日間開催、三六万人を集めた。

五五年二月二七日選挙に、読売新聞社主の正力は立候補し、初当選した。「原子力大臣ならやる」と鳩山に直談判、原子力担当国務大臣を新設させて就任した。正力は原子力委員会に、ノーベル賞の湯川秀樹らを委員として招き、原子力関係の法律を整備し原子力政策を進めた。五六年三月には産業界から七〇人を集めて日本原子力産業会議を結成、会長に東電会長の菅礼之助を選んだ。

原子力発電の受け皿をめぐって、正力は民営化論者だった。結局、九電力が八〇%、電発二〇%出資の日本原子力発電株式会社を設立、東海村に第一号の原発を建設する決定がされ、日本原電東海発電所（出力一六万六〇〇〇キロワット）が原子力の電気をわが国で初めて送り出したのは、一九六五年一一月一〇日だった。

なおしばらく、この本からの紹介を続ける。

朝日新聞社は一九七九年八月、全国の支局、通信局などで原子力問題を担当している第一線記者二一人を集め、三日間の研修会を開いた。研修会の目的は、朝日新聞の原発報道の姿勢が、「NO／BUT」から「YES／BUT」に変わったことを、原発がある記者に徹底させるためだった。

この研修に先立つ二年前に、朝日新聞社の調査研究室では、科学部、社会部、経済部の中堅記者五人を集め、「原発報道のあり方」の研究をさせている。リーダーは調査研究室長・論説委員の岸田純之助。岸田は科学部出身で原発にはくわしかった。三ヶ月の共同研究で七月に「原子力発電の手引き」として社内に配布された。かなり厚いハンドブックで朝日新聞の原発報道を「ＹＥＳ／ＢＵＴ」に統一しようとするものだった。大要は「二度の石油危機で原油は上がり、石油にかわる代替エネルギーの開発と実用化は進んでいない。したがって当分の間は、国民のエネルギーは原発に頼らざるを得ない。しかし、個々の原発の立地については地元の総合的な事情を考えるべきだし、事故が起きた場合は正確な報道をすべきである」

朝日新聞の原発賛成への動きは、研修会の五年前の一九七四年から始まる。当時の朝日新聞広告関係者は「石油危機で朝日の広告は少なくなり、意見広告をたくさん入れようということになった。しかし、原発促進は社論に反するもので、編集トップと広告トップの会談、論説委員室と広告局との話し合いが何度も行われ、最終的には編集担当専務の決断で、原発推進の意見広告が出された場合はこれを受ける、という結論になった」と話している。渡辺は専務・編集担当のときに、原発促進の意見広告を解禁し、社長になってから朝日新聞の論調を「ＹＥＳ／ＢＵＴ」に統一させた。

一九七四年七月から月一回、ガードが固かった朝日新聞に一ページの上三分の二を埋める一〇段の原子力広告が載るようになった。朝日新聞に、原子力のＰＲ広告が載り始めると、読売新聞の広告局が電事連に飛んで来た。「原子力は、私どもの正力松太郎がわが国で初めて導入したものです。それをライバル紙の朝日にＰＲ広告を取られたのでは、面目が立ちません」。朝日に遅れること数ヶ月、読売にも全国版で広告を打つことになった。読売に遅れること一年、毎日にも原子力ＰＲ広告が出た。

朝日新聞と読売新聞の広告費は高かった。全国版なので一ページ丸ごと広告を入れると、一回あたり数千万円はした。年間にすると七、八億円にもなってしまう。電事連の広報部のこれまでの予算ではとても出せない。九電力会社の社長会で「原発PR予算は建設費の一部だ」と訴え、九社の社長は黙ってうなずいた。こうして、原発のPR関係費が、一基つくるのに三〇〇〇億円以上もかかる原発建設費の一部として認められた。

「原発安全神話」をつくる費用は、ソフトの費用である。パンフレットなどの印刷物代を除けば、消えてなくなる費用だ。だから、東京電力がこれらの経費をどのようにいくらつかっているのか実態はわからない。

必要なのは神話の語り部。語るのは新聞やテレビ、週刊誌などマスコミ、そして最近では、インターネットである。広告会社も「原発安全神話」の重要な語り部なのだ。語り部を動かしているのが、東京電力広報部や総務部、企画部、営業部や電気事業連合会、日本原子力文化振興財団などだ。動かす仕掛けは、記者の原発見学などを随時行い、語り部を洗脳することを手始めとしている。その後ろで新聞社やテレビ会社、雑誌社などへは多額の広告費を出し、経営に貢献する。見学旅行の費用はすべて電力会社持ちだ。筆者（志村氏）が電力担当になったとき、ある電力会社の揚水発電所の見学会があった。「朝日は、企業の見学会には自社の費用で行く」ことが決まっており、出張費をデスクに申請したが「予算がない」との返事で、見学会の日、クラブに一人残った。「ゴルフと麻雀はやるな」と先輩にいわれ、やらなかった。ゴルフは接待ゴルフになるし、麻雀は金が動く。企業の広報にとって記者を篭絡するには好都合の二つのツールである。

学者が提供した素材を電力会社と経済産業省（古くは通産省）が神話に仕立て、マスコミや広告会社、関係団体などを語り部として、地元住民を納得させてきたのが、原子力安全神話の構図だった。これらの費用のほとんどが、電力会社の原発経費から出されているのは間違いない。原発ＰＲ経費は、あれこれ合わせれば、「年間で原発一基分の建設費に相当する三〇〇〇億円にも上る」と聞いたことがある。

原発事故発生の三月一一日の当日、東電会長の勝俣恒久は北京を訪問中だった、と言う事実は新聞などで報道されている。「このときマスコミ関係者が同行した」と週刊誌が伝えた。調べて見ると、このグループは毎年、中国に行っているようだ。

以上、少々長くなったが、文春新書からの紹介である。

さて、この勝俣会長の訪中団一行の件については、五月二日付「ＡＥＲＡ」が取り上げている。「東京電力をつぶす男」とのタイトルで大鹿靖明記者の記事によれば、東電の勝俣恒久会長が大震災を知ったのは北京でのこと。三月一一日の現地時間午後三時前、移動中のバスのなか、前席の「週刊現代」編集長からｉＰａｄを渡された。勝俣はこのとき、自身が団長の訪中団を率いていた。団員はマスコミのＯＢたちだった。後に「週刊文春」は「中国ツアー『大手マスコミ接待リスト』を入手！」と報じたが、団員にはその「週刊文春」元編集長の花田紀凱もいた。花田は「やましいものではない」と言うが、七日間の訪中旅行の「参加費は五万円。全部まかなえるとは思っていません」とも語る。団員名簿にけ、毎日や西日本、信濃毎日各紙ＯＢや中日新聞相談役ら二六人が名を連ねる。東電はマスコミに気前がよかった、と書かれている。

（4）推進へのうごめきと調査報道

安全神話は崩壊したのか

二〇一二年二月一六日の朝日新聞朝刊を一面からざっと目を通すだけで、原発事故後、間もなく事故から一年を迎える原発を巡って問題になっているニュースが七本掲載されている。

まず一面では、「原発再稼働、民主容認へ」の見出しで、夏場の電力不足とイラン情勢への懸念から、政府が夏までに策定するエネルギー基本計画に反映させるため定期検査で停止中の原発の再稼働を容認する方向で調整を始めた、とある。

三面では、二〇日に関西電力の高浜三号機が定期点検に入ると、西日本で稼働する原発がなくなり、三月二六日に東電柏崎刈羽六号機が、四月下旬には北海道の泊三号機が止まると日本全国が「原発ゼロ」の状態になる。このため企業が危機か商機か知恵をしぼっていることを書いている。同じ面に朝日と福島大学との避難住民調査で「福島に帰りたいとの希望が『戻りたい』『できれば』の割合がさらに減って五八％になった」、と報じている。さらにこの面には連載企画の「プロメテウスの罠」の囲み記事があり、かつて福島第一原発にいた燃料棒担当の技術責任者が、上司から特命を受けて、制御棒を引き抜かずに燃料交換をする、と言う趣旨で特許申請し、これは効率化のために安全が犠牲にされる一つのケースだったことが取上げられている。

途中だがコメントをはさめば、この事実なども、「放射能は無主物」との東電の主張が裁判で認められたケースと同じように、囲み連載の中だけで扱うのはもったいない、十分に一本のスクープ記事になる内容だと思う。更にいえば、平常時にこうした事実が表沙汰になるとすれば、調査報道以外にはなく、またひるがえって考えれば、電力会社は原発の安全第一の根幹に触れることでも効率化の前には危うくする体質を企業体としては持っていることを如実に示す事例で、このあたりは今後、新聞ジャーナリズムとして監視と追及を怠ってはならないことを教えている。

同日付の朝日朝刊に戻れば、四面では事故からまだ一年も経っていないのに民主党も自民党も「脱原発」への動きが冷めて停滞してきたことを取り上げている。菅政権から野田政権に代ってから民主党のエネルギー政策は大きく変わり、慎重派議員も「当面の限定的な再稼働はやむをえない」方向になってきたとし、一方の自民党も原発の是非については一〇年間先送りし、当面は安全神話によりすぎて今回の結果を招いたことを反省してから、ということに当面なっているが、原発維持派の力は強く巻き返しがあることを匂わせている。

同じ面で、国会の事故調査委に参考人として出席した班目春樹原子力安全委員長が、原発の安全審査指針の中に、津波や長時間の電源喪失についての記載がなかったことに対して「瑕疵があった。誤りがあった……」と陳謝し、黒川清委員長が「審査指針の全面改訂が必要」と述べたことを載せている。

一四面の社説では、東電処理と電力改革（上）と題して、「……長い目でみて東電を存続させることは合理的なシナリオだろうか。……最終撤去まで三〇～四〇年かかる。総額が兆円単位に膨らむことは間違いない。……東電は実質的に債務超過の状態だ。……破綻処理されるはずの企業だ。……料金値上げという国民負担が避けられないのなら、国が経営権を握るほうがいいのは明らかだ……」と主張している。

そして三六面全ページを使って三面で概要に触れた朝日新聞と福島大とが共同で行っている第三回避難住民聞き取り調査の全容を紹介している。「遠くなる　ふるさと福島　仕事復帰半数『見通しなし』　生計、補償金頼み　一番の不安は『放射能』　除染対策『効果ない』八割　『膨大な金かける意味あるのか』」との見出しで詳報を伝えている。

たった一日の新聞のページを繰るだけでかくも多くの今後に尾を引く課題が山積みになっており、またこれだけの事案だけではない多面的なテーマが今後、直近で解決しなければならない問題から何十年も世代をまたいで延々と続く課題まで気が遠くなるほど存在している。

一番重要なことは、原子力発電安全神話は、一見崩壊したように見えているが、果たしてそうか、という点だと筆者は考える。いまは安全点検のため間もなく稼働ゼロにはなるが、大状況の国家のエネルギー確保、小状況の原発立地の地元住民の生計、その両者の間に介在する寡占体制の電力会社の経営、原発稼働の幅広い裾野の様々な関連事業体の権益や、それに依存する中央、地方の政治と行政、あるいは研究機関など、また経営危機にある新聞を始めマスコミの広告収入などを考えると、安全神話はともかく、原発依存体制の再構築はあの手この手で息を吹き返して来るに違いない。もうすでにその動きは陰に陽に始まっている。それは、たった一日の新聞を広げるだけで明確になっている。新聞ジャーナリズムにこの先ずっと求められることは、大状況のエネルギー問題の座標軸を踏まえることは必要だが、安全神話が崩れた原発をめぐる原子力村を核とした多面的な復活・復権のうごめき、活動を監視し、調査報道による追及の姿勢を強化して、現存の原発の内部、電力会社、政・官・財・学での小さな不正義、反社会的な動きも見逃すことなく追及報道していくことが重要である。しかも現存する原発の廃炉までの長期にわたる期間、風化せず、させずに継続して問題意識を高め、取材力を強化、維持していくことが、特に新聞に求められる。

政府事故調による中間報告

政府の事故調査・検証委員会の畑村洋太郎委員長は、東大名誉教授、工学院大学の教授で「失敗学」の権威として知られ、ＪＲ宝塚線の脱線事故や東京・六本木ヒルズの回転ドア事故などの調査・検証にたずさわってきた。委員会は一二月二六日、中間報告を発表した。国と東電の津波対策の不備を指摘、原発の冷却に際しても不手際があったとした。二七日付の朝日新聞によれば、要約して四つの問題点が挙げられている。①事前の過酷事故対策＝設計基準を超える過酷事故において津波のリスクが十分認識されていなかった▽全電源喪失や緊急時対応が不十分だった▽地震や津波など複合災害を想定していなかった②現場の事故対応＝一号機の非常用復水器が機能不全に陥っているのを運転員が気づかなかった▽三号機で消防車などを使う代替注水への必要性や緊急性の認識が欠如していた③政府の事故対応＝原発から五キロ先の事故対応拠点「オフサイトセンター」が機能しなかった▽新しい原子力安全規制機関は独立性と専門知識、最新知見の情報収集が求められる④国民への放射能の影響の説明や海外への情報提供がわかりにくかったり、遅れたりした▽緊急時迅速放射能影響予測システム(SPEEDI)を住民避難に役立てられなかった、の骨子から成り、詳細に報告しており、今年夏に最終報告書をまとめる。

今後は東電の隠蔽体質で公開されなかった事実や政府や霞ヶ関の対応のまずさ、さらには事故そのものの検証にとどまらず、原発にからむ「原子力村」をはじめとするさまざまな実像が時系列で次々に明るみに出てまる裸になっていくことが予測され、また大いに期待するところである。

国会事故調、民間事故調も検証

国会も政府とは別に事故調査委員会を立ち上げた。九月二九日付朝日新聞によれば、有識者による事故調と衆参国会議員による協議会が国会に設置されることになった。国政調査権を行使して政府や東電の関係者の証人喚問や参考人招致を行い、偽証罪による告発もできる強い権限がある。政府の事故調査・検証委員会と異なり、事故責任の追及に発展する可能性もある。国会内に民間委員による調査機関を設けるのは憲政史上初めて。設置から半年以内に報告書を両院議長に提出する。

一一月二二日付同新聞では、黒川清・元日本学術会議会長を委員長に起用し、民間の一〇人の委員で構成、事故に至った経緯の解明や、原発のリスクやコストについて、政府事故調とは別の視点から検証する方針。委員は原子力工学、地震学、放射線医学の専門家らを起用することにしている。

さらに、民間の独立した立場で原発事故を検証するため、日本再建イニシアティブ財団（理事長・船橋洋一氏）は、「福島原発事故独立検証委員会（民間事故調）」（委員長・前科学技術振興機構理事長北沢宏一氏）を発足させた。主要な検証テーマは①危機管理対応、意思決定の構造　②中央政府だけでなく、現場・自治体からの視点　③歴史的背景、構造的要因　④リスクコミュニケーションのあり方　⑤国際的ガバナンス、海外からの警告・教訓をあげ、世界で共有できる報告を目指すとして、二月末報告を発表した。

推進と規制が同根の怪

一方、今回の事故で顕在化したことに、経済産業省内に置かれた「原子力安全・保安院」が、原子力の危険を監視、指導するはずの組織なのに、原発推進を推し進める経産省の中にあり、その意向を強く反映する機関だった、ということがある。事故から一週間経った三月一八日付の東京新聞・こちら特報部が「原発推進と規制同根の怪」としてこの点を衝いている。

保安院が発行したパンフレットによると、保安院の目的を「原子力施設を潜在的に危険性のあるものととらえ、その危険性を顕在化させないこと」としている。それなのに、発生直後からずっと、事故をめぐる保安院の説明は心もとない。一七日の経産省での記者会見でも、原子力の安全全般を扱う専門家集団のはずが、放射線が人体に与える影響の度合いを示す「シーベルト」と、一分あたりに計測された放射線の数「cPm」を混同したりで、記者から「みなさんは『大丈夫』と言っていたのに、一六日には自衛隊のヘリが（原発の）上空に近づけなかった。住民の健康に関わることなのに説明に矛盾があるのではないか」「『進行中だから分からない』というのではなく、ヘリが観測した放射線量を知らせてほしい」といらだちを含んだ質問が一時間も続いた。

現在トップの保安院長の前職は同省の商務流通審議官。同省にとっては原子力部門の出先機関、もしくは下請け機関のようなもの、と指摘している。また、「経産省と電力会社癒着構図の一翼」との見出しで経産省と東電の関係の深さも問題にしている。

最近も前資源エネルギー庁長官が東電顧問に就任した。一九九〇年には元経済企画庁審議官の旧通産省ＯＢ、九九年にも旧通産省基礎産業局長が、それぞれ役員含みで東電顧問に天下ったことが判明している。

なぜ保安院は右往左往しているのか。京大原子炉実験所の山名元教授は「技術的な主体性がない。現在の担当者も何年か前は別の場所にいたのではないか。保安院が国としての技術的な判断を示さなければならないが、プロ中のプロがいない」と指摘する。アメリカでは一九七〇年代に、推進をエネルギー省、規制を原子力規制委員会に分離している。今回の事故でも原子力規制委は、福島第一原発の半径八〇キロ以内に住む米国民に対し、予防措置として避難するよう勧告している。住民の被ばく線量が計一〇ミリシーベルトを上回らないようにコンピューターで避難すべき範囲を計算した結果、半径八〇キロ以上の避難が妥当と判断したという。当事者能力を欠く保安院とは雲泥の差だ、と「こちら特報部」は記している。

朝日新聞の「声」欄への投書（八月二四日付）でも「環境省の外局では安全保てず」との意見が載り、経産省の外局にあった原子力安全・保安院を原子力安全庁として環境省の外局に移すと言うが、看板のかけ替えだけで事態を糊塗することは許されない。経産省ほど露骨でなくても、環境省は温室効果ガス削減のために原発推進の立場をとっていたからだ。環境省には原発に詳しい人はいないから、保安院の出身者が新組織の大半を占めることになることだ。新組織は、安全神話に加担した者を一掃し、原発に批判的だった研究者らを中心に据え、強い権限を持ち省庁が干渉できない独立した規制機関とすべきだ、と主張している。

同月一九日付の東京新聞も朝刊一面トップで「保安院院長歴代五人、エネ庁在籍原発『推進』『規制』行き来」とこの問題を取り上げている。

電力会社にシンポジウムでの「やらせ」を頼むなど、原発の規制機関としてのあり方が問われている経産省原子力安全・保安院で、現職を含む歴代六人の院長の五人までが、原発推進側の同省資源エネルギー庁に在籍経験があることが分かった。

保安院は環境省の下に新設する「原子力安全庁」に統合される方向だが、規制機関として独立性を保つには、人事面でも推進側の影響力を排除することがカギとなる、として、例えば一二日に就任した新院長は旧通産省からエネ庁の課長を経て二〇〇〇年七月に保安院設立を担当する大臣官房参事官、続いて〇一年一月の同院発足時に原子力などの安全政策を立案する企画調整課長、二年半後にはエネ庁に戻り原子力を含むエネルギー政策にかかわる総合政策課長となるなど推進側と規制側を行き来していた。

「個人責任は問わないで」と日本原子力学界

同紙は一四日付でも「原子力予算一〇年で四兆五千億円、四割が地元対策に原発推進を後押し」と、国策である原発建設を促すための「アメ」として、巨額の税金が使われてきたことを取り上げている。

国会関係者から入手した財務省の作成資料によると、立地対策費はここ一〇年、一、八〇〇億円前後で推移し、一一年度は一、八二六億円。うち六割以上の一、一〇〇億円余りが、自治体の裁量で比較的自由に使える交付金。発電実績などに応じて、原発が立地する自治体に支給されている。「原発の交付金は特別会計から支出されているため国会のチェックをほとんど受けず隠れみののように続いてきた。完了の天下り団体を通じて金が流れるなど利権の構図もある」と五十嵐敬喜法政大教授は話す。

東京新聞からの引用が多くなっているが、今回の原発事故報道では、同新聞、とくに「こちら特報部」の記事が局面、局面での視点、座標軸、問題意識、取材力、それに継続性で優れている。――というわけで、あと二つ引用を続ける。

八月一七日付の一面トップでは、原子力関係予算を握る経産省と文科省が原発事故の一ヵ月後、原発の立地自治体などに交付金を支給規則を全面改正し、新増設時の交付額を増やす一方、既設の原発では発電実績に応じて交付額を決める方式に変更していた、と報じている。

収束見通しも立たず、原因究明もままならない時期に、新増設や運転を後押しする改正をしていたことになる。原子力安全・保安院が、事故の国際評価尺度を、チェルノブイリ原発事故と同じレベル7に引き上げた翌日のことだ。改正したのは「電源立地地域対策交付金」の交付規則。発電能力（出力）一三五万キロワットの原発を新設する場合だと、運転開始までの一〇年間に立地自治体へ支給する額は、四四九億円から四八一億円に三二億円上積みした。

新増設に反対する市民団体からは実績主義への変更によって運転を停止すると交付金が減るため、地元自治体が停止を求めにくくなるとの指摘が出ている。しかも、資源エネルギー庁は今回の規則改正を記者発表せず、官報に告示しただけだった。

また、一九日付の「こちら特報部」で、原子力村の一角を成す社団法人「日本原子力学会」が七月七日、事故調査・検証委員会（畑村洋太郎委員長）に対し、個人の責任を不問にするよう求める異例の声明を出した。検証委のメンバーの柳田邦男氏が強く反発、原子力村への不信を増やしている、と報じている。

声明の中で「事故調査においては、現場で運転、連絡調整に従事した関係者はもとより、事故炉の設計・建設・審査・検査等に関与した個人に対する責任追及を目的としないという立場を明確にすることが必要」と求めた。これに対し柳田氏が「調査される側の団体が調査機関に対し、一定の枠組みを要請するのは前代未聞。何を恐れているのだろうか」と厳しく批判した（共同通信が配信したコラムで）。学会はその後、八月一五日付で「事故調査・検証委の調査結果についてはなんら予見を持っていない。必要に応じ、協力を惜しまない」と声明を発表、弁明した。

このように電力会社、原子力村や関係省庁、原発立地の地域など原発推進派の側では、「原発安全神話」がいま崩壊しているその先を見越し、早くも「神話は果たして崩壊したのか」と疑うような、極論すれば「神話の再構築」を目指しているとも取れるうごめきが見てとれる。

「神話崩壊」の核心を問う

そこで、「原発安全神話」の崩壊をもう一度明確にとらえ直しておきたい。

まずは季刊「現代の理論」二〇一一年夏号（明石書店）の「総特集　三・一一は何を問うか」に掲載された金子勝慶大教授の「再生可能エネルギーこそ日本の突破口」から一部を引用する。本題の再生可能エネルギーの問題そのものではないが、「財界と官庁のど真ん中が起こした大災害」の項で「神話の崩壊」の核心を明快に解説しているからである。

政府の原発事故の賠償スキームは、財務省主導で経産省が協力しているものだが、これは持続不可能。理由は、東電がその中の事故処理費用に耐えられないこと。四兆とか五兆円の賠償の枠組みで、事故処理費用は約一兆円と見積もっている。これには何の根拠もない。そもそも冷温停止（一〇〇度以下）は困難だろう。一号機はメルトダウンばかりかメルトスルーして、格納容器の底に燃料が溶け落ちている。穴があるので、絶えず放射能は出ている。水を入れないとメルトスルーが深刻化し、爆発の可能性も残る。しかし水漏れしているから放射能が出る。だから中へも入れないと言う悪循環。しかも地下は複雑な配管や配線で埋まっている。点検するだけでもとても大変。冷温停止になっても、一号機の底は猛烈な濃度の放射能だ。どう作業するのか。

二号機の下のトレンチに漏れた水の放射能は、計算してもらったところ、一二・五万キューリー。

ベクレルで言うと「京」という桁になる。広島型原発で大体五〇万キューリーだから、その四分の一程度が漏れた。地下に残っているのは広島型原発の六、七個分の放射性物質と言われる。海の汚染もひどい。雨が増えると大変。冷温停止が難しい上に、溶けたウラン燃料をどう取り除くか。専門家はほとんど不可能だと言っている。取り除いたとしても、それをどこへ持って行くのか。周辺の町などはひどい汚染状況だから、放射件物質のしみ込んだ土壌を除去しなくてはならない。何十年もドラム缶に入れて保管するとして、処分場がない。家も壊して除去することになりかねない。建物も瓦礫も汚染されているから、その処分も必要。通常、原発の廃炉には二〇年かかるが、今回は何十年かかるかわからない。その間東電が事故処理費用を払い続けられるとは思えない。風評被害まで考えれば、農業・漁業を何十年出来ない人がたくさん出るから、賠償は大変な数字だ。避難区域に帰れると言うが、このままでは老人ばかりになっていく。皆がまとまって土地の買い上げ、代替地を要求すると、賠償額はいくらになるか。放射線はDNAを傷つけ、がん化させるというが、一度ついた傷はなかなか戻らない。後に訴訟が起こることもある。ともかく、賠償額がどこまでになるかわからない。

この賠償の仕組みは財務省主導で、経産省が協力している。はっきり言えば財務省が一銭も払いたくないために作ったスキーム。四兆円にも一兆円にも根拠は無い。経産省は原発推進派で固められてきたので、責任を取りたくないからこの案にのった。東電と原発政策を生き残らせ、電力会社一〇社体制を残して、反省をしないためだ。これは財界のど真ん中と官庁のど真ん中が引き起こした歴史的な大災害で、本来なら権力がひっくり返ってもいいことだ。しかも今なお事実が隠されている。

大地動乱の時代に入った

いまひとつ、「原子力安全神話」が溶融した今回の事態を受けて、国民が見過ごしてはならない極めて重要な課題がある。先の「現代の理論」の総特集が、「大地動乱の時代と原発震災」と題してこれを取り上げている。

二〇〇五年二月二六日の衆議院予算委員会公聴会で、地震学者で神戸大学名誉教授の石橋克彦氏が公述人として、「地震列島日本は、ほぼ全域で大地震の活動期に入っており、そこに立地する原子力発電所の危険性は極めて高い」と原発震災への警鐘を鳴らしていた。

「原発震災」という同氏が一九九七年に作った言葉を引き合いに出しつつ、今回の原発事故のような原子力発電所が巨大地震に見舞われた際の危機について明確な指摘をしていたことを、公聴会の記録が示している。公聴会での同氏の発言の核心部分を要約して引用する。

日本列島の大地震の起こり方には、活動期と静穏期というのが認められる。非常に重要なことは、敗戦後のめざましい復興、それに続く高度経済成長、さらには人類史上まれに見る技術革新の波に乗って都市が非常に利便性を高め、高度に集中した都市が発展、日本の現在の繁栄が作られた。これは、たまたまめぐり合わせた日本列島の大地震活動の静穏期に合致していたということだ。現代日本の国土や社会は、基本的に地震に脆弱な面を持っている。ところが、現在、日本列島はほぼ全域で大地震の活動期に入りつつあることを、ほとんどの地震学者が共通に考えている。ということは、非常に複雑高度に文明化された国土と社会が人類史上初めて大地震に直撃される、それも一つではない。何回か大地震に見舞われるということだ。

将来、具体的にどういう震災が起こるか考えてみると、広域複合大震災とでもいうべきもの、それから長周期震災、超高層ビル震災とかオイルタンク震災とでもいうべきもの、それからもうひとつ、原発震災とでもいうべきものが起こりうると考えている。

東海地震の場合、予想震源域という、地下で地震波を放出すると考えられている領域の真上に中部電力の浜岡原子力発電所があり、中電も原発は地震に絶対耐えられるというが、地震学的に見るといろいろな疑問点がある。想定、地震の揺れがまだ不十分と思う。普通、原発の事故は単一要因故障といって、どこか一つが壊れる。その場合は多重防護システムあるいはバックアップシステム、安全装置が働いて大丈夫なようにつくられている。が、地震の場合は複数の要因の故障で、いろいろなところが震動でやられ、それらが複合して多重防護システムが働かなくなるとか安全装置が働かなくなり、それが最悪の場合には、いわゆるシビアアクシデント、過酷事故という、炉心溶融とか核の暴走とかにつながりかねない。

まさに今回、場所は違うが福島第一原発で起きたことである。浜岡に関しては、中電が運転を中止して補強工事中であったが、菅首相が運転再開をしないよう中電に要請、中電はこの申し入れを受けて再開停止を決めた。

石橋氏の公聴会での発言をさらに続ける。

万が一浜岡が大事故を起こして炉心にたまっている核分裂生成物が外部に放出されると、チェルノブイリの原発事故のようなことが起きる。さらに、死の灰の雲が、御前崎の場合は南西の風が吹いていることが多く、清水、静岡、沼津、三島を通って箱根の山を越えて神奈川県、そして首都圏にも流れてくる。放射能から避難しようと思っても地震の被害で逃げられない。そこへ放射能雲がやってくる。密閉された建物に非難すべきだが怖い。避難しても水もなにもないから暮らせない。大変なことになる。

そういう首都圏を、例えば翌年、東京直下地震が襲う。さらに災害は増幅される。そもそも東京は放棄せざるを得ない。首都を喪失する。静岡県や神奈川県という国土も長年人が住めない。国土喪失。そもそも水源汚染で水が飲めない。これは日本の衰亡に至る。

原子力発電所は本当に危険だ。浜岡だけでなく、若狭湾には一三基の商業用原発があるが、ここも地震の危険性は高いところだ。全国の原子力発電所の原発震災のリスクをきちんと評価して、危険度の高いものから順に、段階的に縮小する。それを考えないと、世界が救援に来てくれ、同情してくれるだろうが、世界中から厳しい非難を浴びることになるだろう。危険度の高いものから段階的縮小を急いでやることは日本の責務だろうと思う。

石橋氏の指摘した「原発震災」はいま、現実のものとなっている。そして日本の国土が全国的に「大地動乱の時代」に入っていることへの認識をしっかりと深め、国をあげて早急に、そして真剣に「原発震災」への対策を急がなければならないと考える。

一方、朝日新聞も八月一四日付のワッペン企画「原発列島ニッポン」で、「活断層の脅威未知数実態・評価各地で見直し」の見出しで、激しい揺れは原発を危険にさらす、地震を起こす「活断層」が多い日本、その脅威に対する備えは大丈夫か、と問題提起している。

二〇〇七年の新潟県中越沖地震では、東電の柏崎刈羽原発が想定を超える揺れに襲われ、使用済み燃料プールの水があふれ、放射性物質を含む水が海に流れ出した。変圧器の火災も発生。地盤は最大一六〇センチ沈下、原子炉建屋も傾いた。東電は設計上想定される最大限の揺れである「基準時震動」を、原発直下の岩盤上で四五〇ガル（加速度の単位）としていたが、一号機直下の揺れは推定一六九九ガル。想定を上回った背景には、活断層の過小評価があった。

地震後に東電はようやく大規模な海上音波探査をして、活断層の長さを「最大三六キロ」に見直し、基準地震動も「最大三六キロ」に引き上げた。

さらに、日本の各地で、耐震性をめぐり運転差し止めの訴訟が相次いでいることも報じている。

「土建国家」へ回帰の足音

こうして見て来ると、福島第一原発事故の始末をめぐっては、被災の状態が普通の大震災とは様相が質的にも量的にも異なる「原発震災」として、課題は多岐にわたって奥深く、また世代をまたぐほどの長期にわたって、訴訟も含めて厳然として、日本の政治、経済、社会問題としてあり続け、のしかかることを覚悟しなければなるまい。

その場合、一番恐れられることは、長期化に伴う問題の風化と、多面的であるがための課題の分散であろう。そこを衝いて、すでに始動している「神話の再構築」を図ろうとする勢力の構造的な跋扈が勢いを増して来よう。マスメディア、とくに新聞はこれから長期にわたって構造悪を暴露する戦いを日々の取材の中で展開していかなければならない、と筆者は考え、期待する。それは、当事者、政府側の発表によるのでなく、記者が当事者となって調査報道、ルポに徹して書いていかなければならないと思う。

八月二四日付の朝日新聞オピニオンのページにあるコラム「記者有論」で、原真人・編集委員が書いている「復興予算『土建国家』に回帰の足音」は、まさにこの「構造的な跋扈」のひとつの局面を指摘している。

「復旧・復興」の大義名分の下で予算のバラマキやむだ遣いが横行してはいないか。政府は先月、復興のために「五年間に少なくとも一九兆円」を投じる方針を決めた。これで毎年四兆円近い復興費が固定化されることになる。政府の公共事業予算の一年分に匹敵する巨額予算だ。歳出の数値目標ありき、の手法は危うい。九〇年代の財政悪化の一大要因となった日米構造協議の「一〇年間で公共投資四三〇兆円」目標を思い出せばいい。あれが日本が財政規律を失い、先進国最悪の財政に転落する始まりだった。

とりわけ疑問なのは政府が進めようとしている被災住宅の「高台移転」構想だ。気持ちはわかる。だが東日本の太平洋沿いの町村がこぞって近隣の山を切り開き、住宅を造成するのか。そのことが環境や効率の面から「よい公共事業」と言えるのだろうか。

民主党は「土建国家」との決別を訴え、政権についた。復興の名の下で再びコンクリートを聖域化させてはなるまい。

このコラムが取り上げている復興土木事業も利権構造に結びつきやすい素地のある問題で、しかも長期にわたることから、取材する側は常に目を離さず、ヒト、モノ、カネの動きを間断なく注視していかなければならない。

朝日新聞は一〇月一三日付から「電力支配」と題する三回の連載記事で「福島原発の事故を受け、電力供給のあり方を見直す機運が高まっている。ただ、改革を阻む電力会社の力は、津々浦々に及ぶ」として、九州電力の玄海原発も取り上げている。

原発の東側で、新しい公園の造成工事が進む。玄海町の「次世代エネルギーパーク」だ。造成工事を請け負うのは、岸本英雄町長の実弟が社長を務める岸本組。総事業費は一四億七千万円。うち約九億五千万円は、国の核燃料サイクル交付金を充てる。県と町は〇六年、ウランにプルトニウムを混ぜた核燃料を使う「プルサーマル」の玄海原発導入に同意した。交付金はその見返りだ。恩恵は隣接の唐津市にも及ぶ。

佐賀県は早稲田大の創設者、大隈重信の故郷。早稲田佐賀中学・高校が唐津市で開校したのは昨春のこと。玄関に寄付者の名を書いた銅板が飾られている。最上段の右端の名がひときわ目を引く。「校賓九州電力株式会社取締役社長真部利応」。

開校に必要な寄付金は四〇億円。九電は二〇億円を寄付し、開校に道をつけた。そのころ九電は、日本初のプルサーマルを玄海原発に導入する準備を進めていた。地元では「唐津をなだめるための寄付」という声が漏れる。九電の配慮は近年、九州の中でも佐賀県に手厚い。鳥栖市でも開業予定の「九州国際重粒子線がん治療センター」に、約四〇億円を寄付する計画だ。

再稼働に向けた拙速な動き

福島原発の事故後、定期検査で停止していた原発が再稼働できずにいる。経産省が最初に接近したのは、しがらみの深い佐賀県知事だった。ただ、九電による国の説明番組での「やらせメール」問題が発覚。再稼働は遠のき、九電との関係が知事を窮地に立たせている。同じようなことは、福井県の若狭湾沿岸の日本原子力発電の敦賀原発二基、日本原子力研究開発機構の「もんじゅ」と解体中の「ふげん」、ほかに関西電力の原発一一基が立つ「原発銀座」でも、原発の立地自治体に国から支払われる「電源三法交付金」が「ハコもの」限定だったのが、福祉サービスなどにも使えるようになり、「ゆりかごから墓場まで」を原発が支える、と記事は続く。

そして、最終回では、太陽や風力で起こしたすべての電気を買い取るよう電力会社に義務付けた「再生エネルギー特別措置法」が八月に成立したのに、業界は後ろ向きで、九月には東電、東北、北海道の電力二社は、「風力発電の実証試験をする」として、風力発電の募集枠を決め発表した、と新法に勝手に上限枠を設ける抜け道を取っている実態を紹介している。まさに「電力支配」、とりもなおさず原発擁護、推進のうごめきは時間とともに息を吹き返して強くなって来ようとしている。

野田政権は四月一三日の関係閣僚会合で、定期検査で停止中の福井県の関西電力大飯原発三、四号機について安全性の判断基準を満たす、として再稼働が妥当だ判断した。一四日に福井県知事らに対し再稼働を要請した。関電の筆頭株主である大阪市の橋下市長は「絶対許してはならない」と批判しているが、政府側は夏場の電力不足などを理由に地元を説得、同意や理解を得られたと判断すれば、閣僚会合を再度開いて協議、再稼働を最終決定することにしている。五月五日に北海道電力の泊原発三号機が定期検査で停止すると国内の五四基全ての原発が停止することになるため、今後こうした再稼働に向けた動きは加速するであろう。いよいよ社会部の調査報道の出番である。

第Ⅱ章　崖っぷちの新聞経営——活路は開けるか

筆者が現役の社会部記者時代、新聞社の経営がどうなっているのか、などは労組の役員として会社側が誇らしげに出して来るデータで知るぐらいのものであった。

それがいまや、取材記者の駆け出しに至るまでが、給与水準を下げられたり、ボーナスを削られたり、肝心の日常の取材費までが圧縮されたりすれば、いやでも将来の話ではなく、明日にも迫っている新聞社の経営危機をひしひしと感じないわけにはいかない。そんな崖っぷちの事態に、どの新聞もが立たされている。

ここに三つのデータがある。一つは「週刊ダイヤモンド」誌の特集記事「新聞・テレビ　勝者なき消耗戦」（二〇一一年一月）。次は東日本大震災から二ヵ月後の昨年五月に、朝日新聞が紙の新聞と併用の有料の電子新聞「朝日新聞デジタル」をスタートさせた直後に開かれた、東京朝日旧友会定時総会での秋山耿太郎社長の挨拶を収録した「旧友会報」である。最後に二〇一二年の東京本社新年祝賀会で同じく秋山社長が話した年頭あいさつの中の取材に関する要点を紹介する。

この三つから見えてくる新聞の生き残り合戦は、紙媒体の新聞と電子版新聞との本格的な併立時代を迎えて、より熾烈な環境に日々立ち向かわなければならない新聞の姿である。

部数と広告収入の急減を前にして

「ダイヤモンド」誌の「崖っ縁でもがく二大メディア」は、「新聞社とテレビ局の二大メディアが、新しいビジネスモデルを模索し始めている。広告収入などの頭打ちでジリ貧状態となるのは間違いなく、生き残りを図る必要があるからだ。しかし……いまだその解は導けていない」として、まず、入手した朝日新聞総合研究本部がまとめた社外秘の報告書を紹介しつつ、次のように書いている。

Ａ４版で六〇ページにわたる報告書のタイトルは「インターネット時代の新聞」。編集局から選りすぐりのメンバーが集められ、インターネットの普及が進んだとき、朝日の戦略はどうあるべきなのか詳細にレポートしたものだ。これがまとめられたのは二〇〇四年二月。それから七年。朝日はこの報告書の提言をようやく実現させることが本誌の取材でわかった。新聞に掲載した記事をベースとした有料の電子版をスタートさせるのだ。報告書で注目すべきは「紙の部数減を見据えたインターネット活用を」と題された提言だ。「部数減は今後も継続し、加速するおそれさえ覚悟すべき」とし、二〇二五年には最悪の場合、約四九七万部まで落ちると試算している。

ちなみに現在は約七九五万部だからかなり厳しい見方だ。「『紙』に出来る限り『柱』として頑張ってもらい『紙』が退き始めるとき、ネット事業が心強い『補完』役になれるよう対策を練り、実践していかなければならない」とする。そして「ニュースサイトとしての速報性は確保しつつ、新聞本体では扱いきれない情報を盛り込み、オリジナリティーを強化することが必要」だと結論づけている。

以上が「ダイヤモンド」誌に紹介された報告書の中身の要旨だが、朝日新聞は昨年五月、有料の電子版「朝日新聞デジタル」をスタートさせた。すでに朝日新聞を購読している読者には、月の購読料に一〇〇〇円の上乗せ、電子版だけの読者には月に三八〇〇円の購読料となっている。先んじて有料電子版をスタートさせていた日経新聞は、新聞購読者には月の購読料に一〇〇〇円の上乗せ、有料電子版だけの読者からは四〇〇〇円となっており、新聞とのダブルコースは同額だが、電子版のみのデジタルコースでは朝日は少し安く設定している。

「ダイヤモンド」誌が載せている民放連研究所の「民放経営四季報夏」（二〇一〇年）から出ているメディア別広告費の予測という図表を見ると、二〇一一年の上半期中にインターネット全体の広告費が新聞全体の広告費を抜き二〇二〇年には、インターネットへの広告費が新聞のそれの倍以上になる、と予測している。

テレビはまだ大きく差をつけているが、テレビが下降線なのに対してインターネットは年々同じような比率での上昇線を描いている。また、日経広告研による「有力企業の広告宣伝費」（二〇一〇年）の広告宣伝費の減少率が大きい上場企業のデータで、上位三社を見るとホンダが五〇・七八％、キヤノン四八・六五％、NEC四七・七九％減という厳しい減少率で、「グローバル展開している、ある企業の広告宣伝担当者は『人口が頭打ちで消費不況の日本で広告を打つより、アジアなどで打った方がよほど効果的。しかも効果を測ることができるネットに今後もシフトする』と語る」と報告している。

同じく同誌が取り上げている日本新聞協会経営業務部調べの二〇一〇年一〇月現在の新聞（一般紙の朝夕刊セットを一部として）発行部数の推移を見ると、一九九九年に約四七五〇万部だったのが二〇〇九年の下半期には四五〇〇万部を割り込んでいる。同誌編集部調べの全国紙五社の営業利益（各社の決算資料と業界紙資料を参考。読売のみ六法人連結）にいたっては、二〇〇六年の七〇〇億円強から〇九年は本業の利益が赤字に転落している。また新聞社全体の従業員数も〇五年に五万人弱だったのが、一〇年には約三千人減っており、一社あたりの従業員数にいたっては〇五年には約七〇〇人だったのが四七〇人ぐらいに急減している。人件費を切り詰めていることがよく分かる。

同誌はとくに二ページを使って「〝押し紙〟廃止で八〇〇万部割れ……」と朝日ブランドの落ち込みを伝えているが、秋山社長とのインタビュー記事も載せ、「紙とデジタルを融合させたハイブリッド型経営で生き残る」との発言を紹介、八〇〇万部割り込みについては、「〇九年から一〇年にかけて、新聞社間で関西と福岡・山口地区について、行き過ぎた販売競争を是正する正常化の申し合わせが成立した。これを受け、西部本社と大阪本社で読者の手まで届かず売れ残った部数を整理した結果で、ぜい肉を削って身軽にし、再飛躍を目指すための取り組みであり、八〇〇万部の旗を降ろしたわけではない」と語っている。

「長いトンネルの先に……」　秋山社長挨拶

朝日新聞旧友会総会での秋山社長の「長いトンネルの先に新たな困難　全国展開の専売網と電子版

併立へ」と題した挨拶の主要部分をここに紹介する。

本社の経営状況の報告をいたします。二〇〇八年秋のリーマンショックに始まる「長いトンネル」から、ようやく抜け出せるまでにこぎつけました。今年三月の二〇一〇年度決算は、三年ぶりで営業損益が黒字に転じ、最終損益もわずかですが黒字になりました。右肩下がり一直線だった広告収入の落ち込みに歯止めがかかってきたこと、社員の賞与削減など大幅な経費節減に努めたことなどによるものです。だが、「長いトンネル」を抜け出た途端に、大震災による新たな困難と遭遇し、震災後は、再び広告収入が落ち込んでいます。震災復興が本格化するのは今年の夏以降になるでしょうが、日本経済が活性化して企業広告が戻ってくれることを願っています。

待望の本社有料の「電子版（朝日新聞デジタル）」がスタートしました。朝日の電子版は、先行する日経新聞をよく研究させてもらいました。日経と違って朝日新聞には北海道の稚内から鹿児島の奄美大島まで、全国に張り巡らせた専売店があるので、紙の新聞に影響が出るようなことは避けねばなりません。販売店側から見て、「電子版によって営業の幅が広がった」「これなら、新たな収益源となる」と受け止められるようにすることを目指します。

パソコンのほか、ｉＰａｄやアンドロイドＯＳを搭載するスマートフォンなど複数のデジタル端末で電子版が読めて、紙の新聞との併読の場合は一ヵ月一〇〇〇円です。着実に読者を増やしていき、初年度は約一〇万人、三年間で三〇万人程度の読者獲得を目標としています。中核となる新聞事業については、「赤字にしない」と言う意味での収支均衡を目指し、紙の新聞以外の事業、つまり、デジタルや不動産、教育事業のことですが、これらで利益を上げて必要な戦略的投資の財源を確保していこうという考えです。

紙の新聞とともに、ニュースコンテンツを様々な媒体に発信していく、いわば「ハイブリッド型メディア企業」として生きていく姿を想定しています。電子版の発行は「ハイブリッド型」のモデルケースでもあるわけですが、この先、紙の市場が小さくなっていく可能性があることも踏まえて、両方で常時、八〇〇万部を超える有料読者を確保して、日本の社会への影響力を維持していこうという狙いもあります。

新聞業界を引っ張る立場にある朝日新聞と読売新聞との関係は、「競争と協調」ということにしています。基本はライバル同士の生き残り競争です。朝日と読売が全国紙として、ともに生き残っていくのか、あるいは、どちらか一方だけが生き残るのか、厳しい戦いがすでに始まっています。東日本大震災の報道には力を入れました。避難所の取材では、記者が、被災者から「新聞を読みたい。昨日の新聞でもいいから、持ってきてくれませんか」などと言われて感激しました。今度の震災で新聞の価値、その役割が改めて見直され、多くの方々に「新聞は役に立つ」と認識していただいたことは、よかったと思います。

「深く掘り下げた取材を」　もう一つの挨拶

いまひとつ今年の朝日新聞東京本社新年祝賀会での秋山社長の挨拶の中からとくに取材に関する部分の要点を紹介する。

昨年三月一一日の東日本大震災では、仙台工場の輪転機が壊れ、販売店の店舗が壊れ、従業員さんが津波に流されるなど、朝日新聞グループにも大きな被害がありました。三陸沿岸を中心に五万部以上の部数が減り、広告の大幅減収が痛打となりました。リーマンショック後の広告収入の落ち込みに歯止めがかかってきたところだっただけに、打撃が大きかったのです。

二〇一一年度上期の中間決算は、営業損益、最終損益ともに赤字でした。しかし、夏以降の広告収入はほぼ前年並みに戻ってきました。二〇一一年度を通じての営業損益はなんとか黒字に転ずることができそうです。

とはいえ、これはつかの間の安定であり、新聞経営を取り巻く環境の厳しさには変わりがありません。日本の新聞の発行部数は、ここ数年、毎年約一〇〇万部ずつ減っていっています。朝日新聞の部数もじりじり減っています。デジタル事業で安定した収益をあげるには、まだ時間がかかります。

昨年末に発表された政府の事故調査・検証委員会の中間報告を読めば分かるように、政府や東京電力の情報開示はいかにも不誠実であり、これに対する日本のマスメディアの追及が弱かったことも認めざるを得ません。国民の「知る権利」を踏まえて真実を追及する新聞の役割を、朝日新聞もまた、十分には果たせなかったのです。

この反省に立って、編集部門はその後、力のこもった原発報道を繰り広げました。戦後日本の原発政策のそもそもから、ことの次第を徹底的に調べ、当局が隠そうとしている事実を探り出す努力を続けました。揺れ動いたメディアの姿勢にも、過去にさかのぼって切り込みました。

秋口から朝日新聞に載った「原発国家」の連載や、今もなお続く「プロメテウスの罠」の長期シリーズ、「原発とメディア」の夕刊連載などがその成果です。最近の朝日新聞で反響を呼んだ記事、高い評価を得た連載は、いずれも記者クラブから飛び出した記者たちが、深く掘り下げた取材を試み、懸命に努力した成果です。より一層「調査報道」に力を入れていくべきではないか思います。記者クラブに張り付ける記者の人数を絞り込んで、余力を生み出し、その分を調査報道に投入してはどうでしょうか。

求められるのは、常に現場に足を運び、自分の目と耳で確かめた事実を記事にする記者、忍耐力と気力に優れ、仕事で結果を出す記者です。そうしたタフな記者がどれほど多くいるか。それが競争に勝ち抜く条件となります。

デジタルの分野も今年、その真価が問われます。有料の電子版事業は、日経新聞と朝日新聞が先行しましたが、この春には他のいくつかの新聞社がスマートフォンでの有料電子版に参入し、新たな戦いが始まる気配です。昨年、満を持してスタートした「朝日新聞デジタル」は現在、購読していただいている読者が約六万人。読者からの批判や戸惑いの声が多かったのは、「有料の朝日新聞デジタルよりも無料のアサヒ・コムの方が便利」、「両者の関係をどう整理するのか」という点でした。もっともな意見であり、早ければ一月中にもアサヒ・コムは朝日新聞デジタルに統合します。デジタルコンテンツを発信する編集部門では、今月一〇日から「デジタル編集部」が動き出します。

朝日新聞社はまだ、売り上げの九割近くを紙の新聞に依拠しています。有料の電子版が経営を支える大きな柱に育つまでには、なお五年や一〇年はかかるでしょう。「紙とデジタルの融合」に向けて業界の最先端を走り続けていきましょう。

以上、朝日新聞の秋山社長の二つの場での発言の要点を引用したが、オピニオンリーダーの新聞社が置かれている状況の厳しさ、この局面でそれを経営する者として、その重圧を負いながらも戦略、戦術を立て実践して行く、負けてたまるか、との闘魂と、日本の言論への責任を果たそうとの覚悟がひしひしと伝わってくる。

原発事故の複合災害に関しての報道についていえば、現場取材を放棄したことについては、報道局の決定なので、立場上あえて何も触れてはいない。東電や政府の情報開示の不誠実を追及する上で新聞の役割を朝日が十分に果たしたかどうかには反省の弁も含まれている。しかし、世評を得ている複数の検証連載企画は評価して、これをバネに調査報道の強化を記者たちに強く求めており、危機に立つ新聞にとって調査報道のスクープの必要性を訴えているのが印象的だ。

第二部　よみがえれ、調査報道

――社会部が元気だった時代

第Ⅰ章　「公費天国」キャンペーンの実相

(1) 初の本格的調査報道

「調査報道」の歴史

「朝日新聞社史昭和戦後編」は「構造腐敗と環境破壊への闘い」の項で次のように記述している。

いかなる報道にせよ、裏づけ取材をふくめ独自の取材が必要である。その限りでは広義の調査報道といえるし、新聞の誕生とともにその歴史は長い。しかし、一九七二(昭和四七)年に発覚し、時のニクソン米大統領を辞任に追いやったウォーターゲート事件の報道がインベスティゲーティブ・リポーティング(Investigative Reporting)、つまり調査報道の名を高からしめ、以後、この狭義の「調査報道」はニュース報道の一分野、それもジャーナリズムの独自性、主体性を示すのにふさわしい手法として確立されていった。

日本では、……評論家・立花隆による「田中金脈」（月刊「文藝春秋」）が調査報道の先駆的な役割を果たした。この告発で田中角栄は首相の座を追われたが、それに続くロッキード事件では新聞も調査報道を展開、ジャーナリズムの活性化を導いた。

朝日も当然ながら調査報道には各本社の社会部を中心に力を要れ、「『談合』キャンペーン」や「東京医科歯科大学教授選考の汚職事件」で新聞協会賞をうけたほか、……「リクルート事件」では米国の「調査報道協会」からの表彰を受けるなど日本の新聞報道を一歩も二歩もリードしていった。

こうした数々の実績のうちロッキード事件以降、最初の本格的な調査報道となったのは「公費天国」キャンペーンである。

この事件は、一九七九（昭和五四）年九月、朝日が鉄建公団の不正経理問題を報じたことがはじまりで、その後、公社・公団をはじめ、官公庁のカラ出張、ヤミ賞与……など税金を食いものにする「公費天国」の実態がつぎつぎと明るみに出された。この追求には各紙も後から歩調を合わせ、マスコミ界あげての大キャンペーンとなった。

東京本社・記事審査部の評（編集局報「えんぴつ」昭五四・一〇）を借りると……。

> 朝日は、この問題を最初に取り上げ、質量ともにキャンペーンの先頭に立った。
>
> 口火を切ったのは、衆院解散の翌朝・九月八日の一面五段記事「鉄建公団が不正経理　組織的にカラ出張」だった。次いで夕刊で「ヤミ給与も支給」、一日置いて一〇日朝刊で鉄建新潟新幹線建設局の「文書かいざん」、さらに「印鑑偽造、カラ出張隠し」（一〇日夕刊）と追い打ち。

内幕をあばく相次ぐニュースと並行して、三面で「公費天国――タカリとムダの構図」の続きもの（一四日から二一日まで八回）のほか、一社面に「公費天国を切る」のワッペンつき不定期雑報を登場させた。朝日の連続ヒットは、公費の不正経理や不当使用をめぐる各社の告発合戦を誘発した。一連の報道は、折からの「増税選挙」に納税者の立場から「ちょっと待ってくれ」と注文をつける意味と効果があったといえる。公的機関のなかで温存されてきた〝悪しき慣習〟について、内部告発者を連鎖的に引き出し、浄化作業を進めることができたことも意味が大きい。

大平正芳内閣は、一般消費税の導入をはかっていたが、このキャンペーンが戦後日本の官界の構造的不正・腐敗をあばいたため、国民の目は鋭く税金の使途にむけられた。昭和五四年一〇月七日の総選挙で、自民党は前回五一年一二月の総選挙結果より一議席減らし、当選後の追加公認をふくめても過半数割れの二五三議席にとどまる敗北を喫した。

以上、朝日新聞社史からの引用である。

告発キャンペーンの舞台裏

筆者の手元に一冊の本がある。朝日新聞東京本社社会部の「公費天国」特別取材班が、キャンペーンが一段落した段階で総がかりで約一週間でまとめ、『公費天国――告発キャンペーンの舞台裏』（朝日新聞社会部）として朝日新聞出版局から一九七九（昭和五四）年一二月に出版されたものである。

本書の「あとがきにかえて」で伊藤邦男社会部長は次のように書いている。全文を引用する。

一連の「公費天国」追求の記事の発端は、八月のある日、社会部にかかって来た一本の電話でした。日本鉄道建設公団のある局で、組織的な不正経理と、それを隠すための文書改ざんが行われている、と言う内容です。

電話を受けた記者は、具体的な中身に迫ろうとしましたが、この種の情報提供の多くがそうであるように、身分と詳細について、いいよどんでいます。記者は「その気になったら改めて電話してほしい」と自宅の電話番号を教え、いったん切りました。確率は五分五分です。しかし、電話はかかって来ました。重い口がほぐれ、何回か接触を重ねるうちに、不正を心から憤る正義感が「告発」の動機であることもわかりました。これが重要なきっかけとなって会計検査院の特別調査班による摘発、他紙をリードする連日の鉄建公団キャンペーンとなったわけです。

一方、社会部で取材を進めるうち、不正経理や税金のむだ遣いは鉄建に限らず、他の公社、公団、中央、地方官庁でも広く行われている疑いが極めて強くなりました。政府は財政再建をかかげ、増税路線を打ち出しています。しかし、当の政府や関係機関で税金のむだ遣いが行われているままとすれば、国民は到底納得できないところです。そこで、この税金ムダ遣いの構造と広がりを、この際徹底的に解明しようとしはじめたのが、連載もの「公費天国――タカリとムダの構図」です。

ここでは公社、公団が監督官庁や政治家から食いものにされている実態、大蔵省の高級官僚が、他省庁から相次ぐ接待を受けている実情、高級官僚が公社、公団に天下り、高給と高額退職金の重ね取りをしている図、などを取り上げ、そのすべてが税金など公費でまかなわれていることを指摘しました。

予測しない事態も起きました。社会部に内部告発の投書、電話が殺到し始めたのです。政府がみずから税金をムダ遣いしていることに、怒りが爆発したようです。身分を明記して、税金のムダ遣いの詳細なデータが送られて来るケースも出て来ました。それは総選挙が終わったいまも続いています。社会部では取材態勢を強化、特別取材班を編成しました。独自のデータによる取材のほかに、内部告発の事実関係の裏付けが、いわゆる夜討ち、朝がけでおこなわれています。

情報の事実が明らかになった場合も、ニュースソースの秘匿に細心の注意を払わなければなりません。匿名の場合は、情報の中身の事実を引き出せる立場の人々に、徹底的に当たります。

こうして、鉄建公団だけにとどまらず、大蔵省をも含む中央官庁、公社・公団、さらには杉並区役所などの自治体にも広がっている不正経理の実態と背景をえぐり出し、報道して来ました。都の関係団体である信用保証協会前理事長の六億八千万円にのぼる退職金のスクープなども、これらのなかで明らかになった問題です。

また、たまたま、一連の追及が総選挙の期間と重なったため、「公費天国」問題は、政府の増税路線とのかみで、選挙のひとつの焦点ともなりました。

「公費天国」追及は国会でも続くでしょうが、政府が、不正経理、接待行政といった税金のムダ遣いやタカリを一掃するため、本腰を入れて具体策を実行するかどうか、今後もじっくりとみつめていく考えです。

この本は、特別取材班の全員が、九段にあった定宿の旅館の二部屋にお籠りして各自かかわった動きを、担当デスクだった谷久光も含めてそれぞれが書き、一括してまとめ、出版局から刊行された。

それだけに内容はドキュメント・タッチで一本の電話から始まったキャンペーンが調査報道の形をとって展開されていく様が臨場感をもって迫ってくる。その触りの部分を以下再録する。

(2) 一本の電話から

〔七九年八月一五日〕 午前一〇時、東京有楽町の朝日新聞東京本社三階、社会部遊軍席の電話の一つが鳴った。宿直明けの社会部遊軍、田岡俊次記者は、受話器に手を伸ばした。「私、鉄建公団の職員ですが……」。相手は驚くべき事実を語り始めた。「鉄建公団で、組織的に大規模なカラ出張が行われているのです」「今度、会計検査院の定期検査で旅費も調べられる、というので、現在、旅費関係の文書を全国の建設局、支社で改ざんする作業を始めました」「事業経費である測量調査費を旅費に流用、それをカラ出張の財源にあてていました……」。

「なるほど、それはひどいですね」。田岡は原稿用紙にメモを取った。記者暦一五年、相手をリラックスさせる方法を知っていた。情報提供者に「正義」の後ろ盾を与え、組織の問題を話す「やましさ」を取り除く。「国家予算の四割が国債という財政危機の折、そんなことをしているのですか」「それは犯罪ですね。業務上横領か詐欺、公文書偽造にもなる」「お知らせ下さったことは国のために貴重です」。「ニュース源の秘匿」が新聞の基本倫理であることを説明して、詳細に話を聞き出すしかない。話し始めてから二〇分。相手の所属も名前もわからない。相手は通話を終わりたい様子だ。田岡は自宅の電話番号を教え、「今夜また電話してほしい」と頼んだ。相手もそれを承知して電話を切った。

夜、別の電話でいらだつうち、夜一〇時過ぎまた電話のベルが鳴った。「こちらからかけ直します。番号は？」。やっと事件を掘り出す糸口を手に入れた。

田岡は伊藤社会部長、佐竹昭美部長代理の二人にだけ事情を話し、ひそかに東京と新潟で鉄建公団の不正経理の証拠集めを開始した。情報提供者も依頼に応じ、調べては教えてくれた。二人の間に協力して不正をあばこうという、同士意識のようなものが生まれていた。

〔九月三日〕　伊藤社会部長に、収集した資料を見せて説明した。改ざん前と後の旅行命令簿、出勤簿、出張旅費清算の伝票類、カラ出張費（測量および調査試験費、現地調査費、普通旅費）の各人別の配分計画表など、不正経理と、その後の偽装工作を明瞭に物語る大量のコピー文書、情報提供者自身がカラ出張の手口を自筆で書いた一種の供述書などだ。

「動機は何だろう」と部長。「国民の金をこんなに不正に受け取っていいのかと良心の呵責に苦しんだ、といっています。特定の政党の党員とも思えない」。

三つの行動方針が考えられた。一つは朝日が独自に鉄建公団幹部に当たり、事実を認めさせる。これは証拠書類を相手に見せれば、入手した場所がわかってしまう。また、会計検査院の調査前に記事を出すと「調査を妨害し、不正摘発に支障をきたした」との非難を受ける恐れがある。第二は捜査当局に資料を渡す方法だ。この場合、川島広守鉄建公団総裁が元警察庁警備局長であることを考えると、協力すべき相手は検察庁でしかない。しかし検察庁がこれを刑事事件として取り上げるかどうか分からないし、取り上げるとしても時間がかかり、秘密主義なので、協力しても見返りは十分期待しにくい。「やはり、会計検査院に協力しようと考えます」「それでいい。ニュースソース秘匿は厳重にやれ」と部長。田岡はすぐ電話を取って会計検査院の秋本勝彦総務課長に面会を申し込んだ。

その日午後、田岡は会計検査院で、秋本総務課長、春田正夫総務課総副長と会った。資料のページをめくる秋本課長の顔に緊張の色が濃くなった。

「鉄道検査二課の専門家を呼びましょう」。鉄建公団本社の検査から急いで呼び戻された鉄道検査二課の調査官らも、資料の内容に顔色を変えた。「実は六月に、名古屋支社管内から、旅費の不正使用がある、という情報が来た。普通旅費などを調べた。カラ出張は見つけたが、金額は大したことではなかった。そうか、調査費を流用していたのか」「資料をコピーさせてほしい」という頼みは、供述書についてけ情報源秘匿から断り、代わりに調査官が重要部分を朗読しテープに取って、あとで筆記することになった。

「朝日は今後どういう方針ですか」「全面的に協力します」「七日から新潟新幹線局の調査に入る予定です」「待ちましょう」

〔九月五日〕　夕方、遊軍席で元運輸省担当の山本博記者を見かけた田岡は「頼みがある」と声をかけた。「まだ秘密だが、鉄建公団の不正経理問題を調べている。公団の体質論も必要だ。運輸省に強い君の力を借りたい」「いいですよ」。だが、山本はちょっと気が進まなかった。九月八日スタートの総選挙向け続き物「暮らしと負担」の作業で手いっぱいだったからだ。が、本当の理由は、山本が鉄建公団の川島総裁と運輸省担当時代から割りと仲がいいということだった。田岡がいう通りなら、川島の首は飛ぶ。

〔九月七日〕　田岡は赤坂見附にある山王グランドビル七階の鉄建公団本社を訪ねた。総裁は出張中、副総裁も出かけるところで、応接間で隅健三総務担当理事に面会し、あいさつのあといきなり「会計検査院の調査の件ですが、ほぼ全容を承知しておりますが……」と切り出した。すでに検査院側から、朝日がすべて知っている、と聞いていたのだろう。「申し訳ないことをいたしました。隠し立てをする気は毛頭ありません」と全面降伏の姿勢を示した。隅理事は応接間を出たり入ったりしながら、できるかぎりの資料を取り寄せて説明した。

「ところで隅さん、カラ出張で浮いた金の一部を政治家のパーティー券購入に使った、という情報もつかんでいますが、ご承知の範囲では金額はどれくらいですか」「ご承知なら仕方ありません。私がいま知っているのは、総務課員がカラ出張して浮かせた三〇万円分だけです。総裁は政界にお顔が広い方なので、いろんな政治家からパーティーへの誘いがかかり、交際費だけではまかないきれないので」と重大な事実も認めた。

もう一つ「ヤミ賞与」問題があることも田岡はつかんでいた。「公務員に準ずる」はずの公団職員のボーナスが、実は極めて高く、その理由は？　内訳は？　財源は？　と隅氏に迫り、資料提出を求めた。

二時間の取材を終え、社に帰る車の中で、メモノートに出稿計画を書いた。

①不正経理②ヤミ賞与③文書改ざん④印象偽造⑤改ざんの内幕⑥改ざんは本社指示⑦東京新幹線建

設局でも改ざん――当面は七本書ける。連打で行ってやろう。朝日の朝刊を見て他紙が夕刊で追いかける。すると朝日の夕刊には次の記事が……という寸法、と田岡は戦術を決めた。夕方、社に戻ると、朝刊担当デスクに今日出す原稿について説明、「一二〇行ぐらい。できれば一面トップがいいのですが」「今日は衆議院の解散だから一面トップは動かせんと思う」「じゃ、そのわきで。一一版から。持ち出し禁止で」。遠隔地に送る締め切りの早い「早版（統合版）」から特ダネを載せると、最終版あたりで他紙に追いつかれる心配があるので、特ダネは普通、「遅版（朝夕刊セット版、当時は一一、一二、一三版）」から入れる。一一版でも少しは危険があるので、刷り上がった新聞を社員が帰宅時などに社外に持ち出すのを禁止することを「持ち禁」といい、編集局の出入り口に「持ち禁」と書かれた札が下がる。

デスクが「川島総裁との一問一答でもやれば」と提案、田岡は金井三喜雄写真部員と府中市の川島総裁宅へ。「あれは定期検査のはずですが」「知らない。そんなはずはない」往生際が悪すぎる。川島氏は朝日の幹部たちと自分がいかに親しいかをひけらかして牽制しようと努めた。記者に対してもっとも拙劣な手口だ。

遊軍席は喧騒を極めていた。総選挙スタート前夜だ。選挙班のほか、第二社会面の総選挙の続き物「暮らしと負担①」の大刷りを点検する山本博とその続きものの担当デスク谷もいた。

午前零時。「鉄建公団が不正経理」の記事は一一版の一面真ん中扱いから一二版（首都圏）で一面左わき五段抜き三本見出しへと昇格した。山本は「やっぱり手伝わなければ」と、翌朝六時自宅迎えの車の手配をした。田岡は翌日の夕刊用「鉄建公団、ヤミ給与も支給」の原稿を書き始めた。これにも「ラ・テ禁」（新聞が出るまで朝日系列の民放のラジオ、テレビによる放送禁止）の印をつけた。

鉄建公団が不正経理

組織的にカラ出張

長期、年数億円の疑い

会計検査院が本格調査

1979年9月8日付朝日新聞朝刊1面

〔九月八日〕　朝刊一面は次のように報じた。

国鉄に代わって鉄道建設を行っている日本鉄道建設公団（川島広守総裁）で、工事費の中に含まれている「測量および調査試験費」がカラ出張の財源になっていたなど、大規模で組織ぐるみの不正経理が恒常的に行われていた疑いが濃くなり、会計検査院は「前例をみない悪質な事件」とみて六日「特別班」を編成、徹底究明に乗り出した。会計検査院はこれまで、同公団本社と名古屋支社を調査、現在東京と新潟の両新幹線建設局を調査中だが、他の支社、建設局も合わせると、年間数億円の不正支出が長期間行われていたた可能性が強い。また同公団本社に対する調査では、最高幹部の一人が部下のカラ出張で浮いた金を政治家の「はげます会」に寄付していた事実も明らかになっており、同公団の組織を根底から揺さぶる事件に発展しそうだ。（以上前文、九月八日）

(3) 特別取材班を編成

午前七時半。山本は、朝駆け二軒目の運輸省幹部の家でモーニングコーヒーをごちそうになりながら、電話を借りて田岡の自宅のダイヤルを回した。「運輸省に当たってみたけど、仰天している。記事の内容は正確。文句はゼロ。ただあわてている」「早朝からありがとう」「田岡さんはこれから新潟へ行くでしょう。あと何人か集めてフォローするチームを作りバックアップしましょう。出社して態勢つくるよ」「助かるなあ。夕刊に第二弾の『鉄建公団 ヤミ賞与も』を出して新潟へ行く。あとは頼む。担当デスクはだれがいい?」「谷さんがいいんじゃないかな。チームをつくるといっても、選挙に出払ってるから『暮らしと負担』のぼくと安部君しかいない。あと大蔵と通産のクラブ担当の手助け程度と思う。とすれば『石油・物価レーダー』と『暮らしと負担』担当デスクの谷さんにやってもらうのが無理ないと思う」。

午前一〇時、山本は社への車の中で考えた。「鉄建公団そのものに集中する一点突破主義をとるか。いや待てよ、カラ出張はどこの公社・公団でもやってるんじゃないかな。運輸省や建設省の連中は、相当公団にたかっていたし、大蔵省はその運輸省や建設省などから料亭で盛大に接待されているぞ。そうだ、大蔵官僚は横浜にある料亭『あいちや』に入りびたりだ。そういうカネはどうしているんだろう。みんな税金じゃないか。やっぱりここは官公庁の税金食いものを総ざらいした方がいいな。いつかはやらねばならない社会部マターの仕事だし」。

午後三時、「暮らしと負担②」の原稿とともに「メモ、役人天国＝タカリとムダの構図」を、朝刊担当の谷が座る机のガラスの下に入れた。やがて出社した谷はこの企画案を見て「いけるな」と思った。政府は財政再建のための増税の必要性を声高に説いているが、税金がこんな使われ方をしているのでは、納税者の国民はたまったものじゃない。財政健全化の必要性はわかるし、大平首相が選挙の争点として正直に増税を掲げているのは一応評価できるとしても、少なくとも、歳出が正当との前提があってのことだ、と谷はこの企画案をやるべし、と即断した。

谷は伊藤部長と佐竹部長代理に、企画のねらいと取材チームの顔ぶれを話し、朝刊で数回の続き物をやる了解をとった。紙面は整理部と相談して「三総」面（朝刊三ページの総合ニュース面）と決めた。谷はさらに伊藤部長に「鉄建公団の本筋も、デスクを決める時機と思いますが」言い終わらないうちに「お前やれ」。これで当面の態勢は整った。

午後八時、編集局長別室に、谷、山本、安部宏康記者ら五人が顔をそろえた。谷は四五歳、名古屋社会部育ちだが、東京社会部デスクを五年近く経験して、いまや古参組。メンバーは三〇代後半が中心だ。谷は山本の企画メモのコピーを皆に渡して、「田岡君の特ダネを援護射撃してやろう。山ちゃんが企画案を作ってくれた。鉄建公団事件に象徴される国民の血税のムダづかいは、霞ヶ関に蔓延している疑いがある。その慢性化、慣習化の断面をえぐってやろう。増税を言う前に、官僚機構は冗費をいましめるべきだ。この続きものは、選挙企画の一環として考える」と、ねらいを説明した。「『暮らしと負担』をやる時よりも十倍も元気じゃないの。現金なもんだ」と山本はつぶやいた。

当面の取材目標は三つ。第一は本筋の鉄建問題の田岡応援、第二はその他の官公庁の不正経理の生ニュース取材、三つ目がキャンペーンの続きもの連載。前の二つは簡単に割り振りが決まった。三つ目の続きものは、「役人天国」のタイトルだと公社・公団は役所でも役人でもないのでそぐわない。あれこれ案が出たあげく、谷が「公費天国でどうだ」と言い、全員一致でこれに決まった。「公費天国」は後に「ウサギ小屋と並ぶ今年の流行語」といわれ、また総選挙で自民党が大敗したのをうけてその後、「公費天国選挙」とも称された。

新潟で田岡は、東映ホテルに泊まり、情報提供者と連絡を取った。深夜にやってきた相手から前日から始まった検査の状況などを詳しく聞いた。改ざんがバレたと知った公団はあきらめて本物の資料を提出したが、事前提出資料と合わず、のっぴきならない事態になり、改ざんを調査官に告白せざるをえなかった。超勤手当ての帳簿とカラ出張費の支給が全く一致しない点も鋭く突かれていた。

〔九月九日〕 田岡はこの日、印章店を当たった。新潟新幹線工事局が検査対象にあたる期間の旅行命令簿を改ざんするため、死亡、退職、転勤した職員の印鑑を出入りの印章店で偽造させていたことはつかんでいた。印章店主の証言は極めて重要だ。

「一切してません」。律儀そうな店主は頑強に否定した。「事情を知って知って協力したのなら共犯になりかねない。何に使うかは聞かずにそっくりの印を作ったんでしょう。お名前も店名も出さないから話して下さい」「ニュースで知ったが、いまのいままで、あの印がそれと関係あるなんて……」印章店主は応じた。印章の数は計二一個、注文した職員、日時、場所、注文内容、料金など詳しく話した。「印の縁の欠けているところもそっくりに作れ」との注文で、偽造は疑う余地がなかった。

この日、会計検査院の特別調査班の第二陣、総務課総括副長の春田氏が、東京から新潟に入った。田岡は情報提供者から宿泊するホテルを聞き出し、到着前にホテルのフロントに手紙を託した。「先発部隊の若手調査官たちが厳正、効率的に検査を進めている様子を、新潟へ来て手に取るように知って喜んでいる。接待も峻拒していることを確認した。情報源の秘匿には十二分の注意をしてほしい」と述べ、到着後、田岡のホテルへ電話するよう依頼した。朝日が検査の状況を公団内部からすべて把握できる態勢にあることを調査官たちに通知しておくためだ。

夕方、春田氏からの電話を受けた田岡は、ホテルに出向いた。二人がロビーで話そうとすると、一人の男が近くのイスに座りに来て新聞を読むふりをして顔を隠し、聞き耳を立てている様子だ。田岡はわざと大きな声で「鉄建公団も朝日と検査院が何を打ち合わせるのか知りたがってるようですな」と春田氏に話しかけると、男はあわてて立ち上がり、出て行った。公団は、内部告発者が検査院の調査官に会いに来るのでは、と〝犯人捜し〟に職員を張り込ませていたのだ、と田岡は直感した。

田岡は自分のホテルに戻ると「鉄建公団、文書改ざん　検査前にカラ出張隠し」の原稿を書き、一一版用に電話で東京本社に送った。外で寿司をたべたあと、ホテルに帰って今度は翌日の夕刊用に「鉄建公団、印鑑まで偽造」の原稿を書いて、また送る。社会部に待機していた山本が「改ざんについての川島（総裁）談話をこっちで取って、つけます。運輸省の態度は……」と適切な情報を流す。

〔九月一〇日〕　この日夕刻、東京本社社会部。「公費天国」の続きものは、「暮らしと負担」の続きものを途中打ち切りにして、それが終わる翌日の九月一四日付朝刊から七、八回と決まった。

〔九月一一日〕 田岡が七日にメモノートに書いた七本の出稿計画のうち、すでに六本に線が引かれていた。残る一本は東京に帰ってからになる。新潟を去る前に新潟新幹線工事局の本間寛局長に会って「この事件は一局長の責任ではない」と慰めておきたかった。九日夜会った時、善良そうな国鉄の技術者だった局長は憔悴しきっていた。以前、日商岩井の事件で田岡は自分が入手した同社内の重要資料を、他の記者が島田三敬常務に示して説明を求めたところ、「調べて、あすにでも説明する」といったまま、翌朝、飛び降り自殺したことを内心気にしていた。それが心をよぎった。公団のビルを訪れたが、局長は不在だった。宮部良総務課長に会って自分が言いたかった趣旨の伝言を頼んだ。田岡は再び朝日の新潟支局に寄った。支局長は新潟料理の店へ昼食に招いた。「田岡様、お電話でございます」と仲居が入って来た。伊藤社会部長からだった。「局長賞が出てるよ。君と、君を支援した特別取材班にだ」。

夜七時。東京本社に戻った田岡は谷、山本と三人でニュートーキョーに出かけた。田岡は生ビールを少し飲んだだけだった。まだ興奮が続いて疲れている。谷、山本は「公費天国」の連載企画のねらいについて田岡に説明した。

「あすの夜八時から打ち合わせ会を開く。夕方までゆっくり休んでから出てきてくれ」

〔九月一二日〕 田岡は、朝早く起きてしまった。鉄建公団本社へ行く。総裁、理事たちは会議中だった。桜井総務部長に会ったが、「知りませんな」と人を食った返事の連続。こっちがすでに調べ上げていることをぬけぬけと否認する。

青山にある東京新幹線建設局に向かう。エレベーターを待っていると会計検査院の顔なじみの調査官と出合った。「うまくいってます」「改ざんは」「今度出してきたのは本物だけど、事前資料とは合致しない。一度は偽装をたくらんだようです」。協力の経緯を知る調査官は、田岡になにも答えぬわけにはいかなかった。

東谷春四郎東京新幹線建設局次長は、温和で正直な人物だった。組織をかばいつつ、ウソを言わないぎりぎりの線で話した。「五三年度分の帳簿類を作りかえたのは本当です。しかし不正を隠すためだったのかどうか。私は言える立場にはありません」。それまでの調査と合わせれば、その答えで十分だ。

田岡は社にあがり、急いで「鉄建公団偽装工作、東京新幹線局でも」の原稿を出すと、谷デスク、山本らが「公費天国」の連載の打ち合わせをしている編集局長別室に急いだ。はじめの計画『七本連勝』は完全に達成した。田岡は高揚し切った気分だった。

〔九月一三日〕夕方、運輸省担当記者らが合作で、「運輸、建設関係の公団、事業団でもヤミ賞与」の特ダネを出稿。ヤミ賞与問題の枠を広げるのに成功した。一方、この日から続きもの「公費天国」がスタートした。一回目「くいもの公団」の大刷りに目を通した伊藤部長は、執筆者の山本に一、二ヵ所指摘して直させながら「まあ、よく出来てる方だ」とちょっぴりほめてみせた。

翌日、デスクの一人が「面白いじゃないか」と、めったに他人の仕事をほめない男にしては珍しい評価をした。（編集局の）デスク会で、前文の〝役人の子はにぎにぎを……〟のくだりに批判的なことをいったのもいたけど」とデスクがいうと、山本は「公費天国キャンペーンのねらいはにぎにぎの実態暴露にあるんですよ。まあ見てて下さい」と皮肉っぽく笑った。さらにその翌日、大蔵官僚の料亭通いが赤裸々に掲載された連載二回目「大蔵接待」をみて、居合わせたデスクが「やあ、ここに出てくる横浜のAという料亭、〝あいちや〟だろう。おれ、行ったことあるよ。それにしてもこの続きもの露骨だなあ」と言った。そばで谷が「官公庁の税金食いそのものが露骨なんだから、しょうがないだろう」と答えた。

公費天国　タカリとムダの構図　1
くいもの公団　政治献金のパイプ　次々設立の〝裏の理由〟

「役人の子はにぎにぎをよくおぼえ」という古川柳のあるお国柄だ。公社・公団でカラ出張や「ヤミ賞与」があっても、いまさら驚くには当たるまい——とでも勘違いしているのではなかろうか。日本鉄道建設公団の不正経理事件に端を発し、他の公社・公団に広がっている「ヤミ給与」問題は、納税者である国民をあ然とさせている。しかも、税金をくいものにする慣行は、「本丸」の各省庁も実は例外ではない。ときあたかも、首相が先頭に立って「増税」を叫んでいるだけに、血税の行方に、国民はなおさら敏感にならざるを得ない。「公費」が不当に使われている構図を追った。

鉄建公団不正経理事件が明るみに出た八日朝一〇時、運輸省へ車を飛ばした川島広守総裁は、鉄道監督局長室で山地進局長と顔をみつめ合った。

かつて川島総裁が内閣官房副長官だったとき、山地局長は内閣参事官（総理府人事課長）として出向していた。この、以前の上司と部下は、事件の〝善後策〟に声をひそめながら、共通の「不安」にとらわれていたのだった。

それは「これを機会に鉄道公団つぶしの動きが強まるのでは」ということだった。百十一もある準国家機関の事業公共団体である公社・公団（政府関係特殊法人）のなかで、鉄建公団は行政改革の動きのたびに「不必要団体」の一つとして目標にされてきたからだ。

目標にされる遠因は、その「出生」の不明朗さが影響している。三九年三月、国鉄の建設部門を独立させて誕生した背景には、よく知られているように当時の田中角栄・大蔵大臣の「強引な推進」（河村勝・民社党前代議士＝当時国鉄常務理事）があった。建設部門と運営部門の切り離しによって、それまで停滞していた新線建設工事を促進しようというのだ。鉄道を地元に敷きたくてたまらない多くの国会議員の賛成で生まれたため、赤字ローカル線が続々生まれるのはいわば当然だった。

公団がつくり終えて国鉄に渡した新線は赤字ローカル線がほとんどで、これまでに三五線八百五四キロに及ぶ。さらになお四〇線千六百六キロの工事線を抱えている。

こうした赤字線は、国鉄赤字を大きくする一方だが、同時に、工事発注や事業進展をめぐる「利権」や「利益誘導」を生む。今度の事件で、「厳正な処分」を発言した森山運輸相に対し、「あまりエラそうなことは言えないはず」との声が聞かれた。それは、森山氏がこれまで再三、選挙区の新線（野岩線＝今市―会津滝ノ原間五〇キロ）の建設促進に「強い要請」をしてきた経緯があるからだ、という。

こうした鉄建公団の管理費（総裁の月給百五万円をはじめ人件費、物件費）は年間二百四億円。「カラ出張による税金の水増し使用もさることながら、その存在自体が巨大な税金の浪費」（工藤芳郎消団連代表幹事）と指弾される。

公団幹部と運輸省がギクリとするニュースは八日、もう一度起きた。「宅地開発公団と住宅公団の合併」という田中内閣官房長官の発言である。宅地公団は、鉄建公団をそっくりまねてつくられたといわれる。手口は同じで、住宅公団の宅地建設部門を独立させ、宅地開発を促進させようとした。が、五〇年の設立以後やっていることは、住宅公団の所有地や権利を譲り受けて、宅地開発するという〝トンネル事業〟でしかない。

この設立に力を貸したのは橋本登美三郎元自民党幹事長といわれる。当時、設立に難色を示した建設省の担当課長が、橋本代議士に紙つぶてをぶつけられたというエピソードまである。宅地公団の管理費は年間三〇億円にのぼる。

だが、公社・公団はふえる一方だ。それは、つくり手の政治家にとって公社・公団を「必要」とする〝裏の理由〟があるからといわれる。そのひとつは公社・公団につながる業者からの政治献金である。元次官の一人は「たとえば、一つの公団を通じて百社の業者に毎月五万円ずつ献金させるパイプをつくれれば、一カ月五百万円のカネが安定的に入ってくるからね」と、そのからくりを説明した。

もっと手近なところでは、政治家の自作自演である「はげます会」や年末チャリティーショーの券を大量に引き受けてくれる〝機関〟としての利用方法もある。川島総裁は、カラ出張費の浮かし金が政治献金に回ったのではないか、との指摘に、そういう事実はない、としながらも「ポケットマネーや総裁交際費による、はげます会へのつき合いはあるが……」と答える。総裁交際費（予算上は三百万円）が公費であることに変わりはない。

公社・公団にとって、乱立するはげます会の券の消化は、表向き「頭痛のタネ」とよくいわれる。だが、一枚二、三万円の券を一度に数十枚割り当てる、という押しつけに、どこかの公団が「ノー」といったという話は聞かない。

それどころか、総裁や理事長あてに舞い込む〝無料券〟の「招待状」は高額の有料券に化けるのが普通らしい。「最低一〇万円。大物の××族議員や大臣経験者なら三〇万円も包むのが慣例」という。それに、就職シーズンともなれば、政治家の縁故採用をさばくという〝おまけ〟もつく。

公社・公団へのたかりは政治家だけではない。監督すべき立場にある各省庁の役人も似たような存在だ。「天下り」はひとまずおくとして、たとえば、はげます会の券の消化に、政治家→各省庁文書課→原局各総務課と配られたのを、各課は最終的には、本来は監督すべき所管の公社・公団へ押しつける。こうして公団は、直接と間接の二重押し付けを受けることになる。

もっと直接的な役人のたかりが、「ツケ回し」である。飲み食いやゴルフの費用を公団にツケるのだ。役人世界の隠語に「公社・公団の総務部長名刺は金券」というのがある。飲み食いのあげく、「おカミ、ここへ頼む」と公団総務部長の名刺を渡すのだ。

あちこちからたかられ、自分自身も「ヤミ給与」財源や遊興費財源を必要とする公社・公団は、そのカネをどこからかねん出することとなる。不正経理は、こうして生まれ、拡大していく。（九

月一四日朝刊)

公費天国 タカリとムダの構図 2
大蔵接待 恒例、規模ケタ違い「序列社会」のあしき慣習

「税金くいもの」の舞台は、公社・公団だけではない。「本丸」の中央官庁では、予算項目の陰で、役人たちがくいまくっている。

「大蔵の連中を接待するのはくたびれるよ」。六月のある日、時刻は午前零時を回っている。ぐったりとした顔でタクシーを降り、自宅の玄関に立った某省の局長は「あの連中ときたら胃袋どうなってんのかねえ」とつぶやいた。

毎年、予算が成立した直後から通常国会の終了ごろにかけて、各省庁の幹部が似たようなぼやきを口にしながら深夜帰宅する。この時期、「大蔵接待シーズン」と呼ばれる。

大蔵省接待は、接待する側の各省庁が「省として」と「特別会計を持っている主要局ごとに」の二本立て方式で行われている。もちろん、そこで使われるカネは、みんな税金である。

予算を配分する大蔵省が、その配分先からいわば〝つまみ食い〟している構図となるが、この慣習は、大蔵省が「政府のなかの政府」として各省庁に君臨してからずっと続いているといわれる。

税金を使って、役所が役所を接待する「慣習」は大蔵省相手のほかに、公共料金値上げのときに経済企画庁、法案上程にさいし内閣法制局、そして「ムダのお目付け役」のはずの行管庁も、定員

問題のときには接待する――と各省庁はいう。

「だが、毎年きまってやるのは大蔵省だけ。それも規模が違う。あそこは別格官幣大社」と口をそろえる。一昨年、会計検査院の過剰接待事件が明るみに出たとき、「現場のノンキャリア同士がすし屋やソバ屋で接待した程度のことが問題なら、料亭で、高級官僚が盛大にもてなされる大蔵省接待はどうなるのか」と吐き捨てるようにいった局長もいる。

その局長の「証言」によれば、大蔵省接待の中身はこうだ。

まず接待場所は大蔵省〝お気に入り〟の横浜駅近くの「A」がほとんど。「A」は料飲食税の税額が横浜管内のトップクラスという繁盛ぶりだ。接待の日時を決めると、接待側が定刻前に官用車を大蔵省に回して迎え、横浜まで「黒塗り車」の行列を連ねる。接待されるのは主計局、理財局の幹部が中心。「A」に着くと、すっかり顔なじみのこの幹部たちは、従業員たちから「〇〇さん」と名前で呼ばれるが、接待した方はさほど知られていない。そしてだいたい午前零時近くまで接待が続く。帰りはハイヤーかタクシーを用意するが、「なんだ、タクシーか」と怒鳴られたこともあった、という。

この費用は、一回一人平均二万七千円くらいだそうだ。車代なども加わり双方合わせ一〇人で三〇万円を超す「税金」が飛ぶ勘定になる。

さて、この接待費はどこから支払うのか。各省庁とも「庁費のなかの会議費」がその出所である。予算のとき、事項目別に配分されるが、そのなかに会議費が個別に含まれている。一つの省庁で億単位の金額という。「会議費ですから部屋代から弁当代、飲料費、サービス料などは認められるわけです。領収書さえあれば」と各省庁の会計課はいう。「ただし芸者の花代は会計検査院に認められないので、分離して別の支出、たとえば大臣交際費でおとす」と話している。

　大蔵省接待は、地方でも恒例になっている。運輸省内部の職員が教えてくれたところによると、毎年五月、大蔵省主計官の地方視察が行われるとき、運輸関係の地方機関はキップ（もちろんグリーン席）の用意から宴会の接待まで万端整えるが、その費用が多額になりすぎるので、鉄建公団の出先機関があるところでは、「資金の豊富な鉄建公団」が、総費用の半分を負担するのが慣例というのだ。

　接待する方は、「遊び」でやっているわけではない。「取り入って少しでも多く予算を。サジ加減を」という下心。それ以外の動機が考えられるだろうか。

　会計検査院の接待問題の際、国の役人の接待に励んでいる山口県庁の部長の一人は「公的な予算でより公的な予算を獲得するための行政の一つ」と堂々と言い放った。接待攻勢によって予算査定に手心が加えられているとしたら、大蔵省の罪は二重に重い。税金を〝つまみ食い〟して税金をばらまくことになるからだ。

　大蔵省はこうした証言をきっぱり否定出来るのか。同省の松下康雄官房長は、温厚な顔に不快感をにじませながらも、沈痛な表情でこう説明する。「まったくないとはいいません。いっしょにメシを食うことはあると思うが、世間の常識の範囲内のことなら、お互い仕事をやっていくうえでまあまあ許されていいのかなあ、ということはあり得るのでは。ひんぱんに激しくやっている、という点だが、ウーム、連日（接待を受ける）ヒマはとてもないし、そんなことはないと思う。とくにこういう（増税）時期だから、お互いに心がけ注意をしているハズ。私が『A』に？　そうだなあ、長年の間だから絶無とはいえないが、よく行ってはいない、というのが答えだな」

はたして「世間の常識の範囲」といえるのかどうか。「『A』に集中豪雨的に行くのはまずいなあ」と心配する大蔵省出身の代議士もいる。「横浜に通うようになったのがそもそも、赤坂かいわいでは目立つ」という理由からだったともいう。

某公団の幹部職員だったBさん（六〇）の証言。「やはり大蔵省がすごかった。主計官や主査は予算が成立した四月から六月ごろまで体があく。各省庁と、その出先機関などが競争で主計官殿を地方へ引っぱり出す。昼間は視察ということだが、宿につけばお決まりの宴会にマージャン。もっとも大蔵省を接待する省庁だって、本省が公団にたかってくる。大蔵省接待のツケを『お前の方で払っておけ』とまわしてくることもあった」という。「序列社会」のタカリの〝序列〟。その頂点に立つのも大蔵省といえよう。（九月一五日朝刊）

「公費天国」の連載は八回で二一日に終わった。普通、続きものに「生ニュース」は少ないのだが、この連載は、公団くいものから大蔵接待、国鉄パスを使った出張旅費の二重取りなど、いわば〝特ダネ〟を盛り込んだのが特色だった。連載への反響は大きく、公費天国追及は完全に火がついた。官僚ニッポンの巨大で強じんな権力機構霞ヶ関が初めて揺れ始めた。

後に谷は「一連の公費天国キャンペーンは、田岡が火をつけ、山本がガソリンをぶっかけた」と評した。

だが、「公費天国」連載が広く影響力を発揮し得たのは、「天声人語」に何度か紹介されたからでもあった。また、社説も積極的に「公費天国」追及を支持する論陣を張ってくれた。

(4) 内部告発の新時代

時間は少し戻るが九月一三日、定年制問題を扱った企画「討論のひろば」の取材を終えた東雲哲哉記者は、谷から「公費天国を手伝ってくれ」と声をかけられた。否応なかった。「老人の日の仕事が終われば手伝います」。持ち場は会計検査院。最初に手をつけ検査院を見ていた田岡は、新たなネタを見つけて飛び回っていて、継続的に検査院を取材する必要があったからだ。

この日午後、田岡は会計検査院の総務課で雑談をしていた。「おかげで会計検査院も国民の注目を集め、情報や励ましが続々と来るようになりました」。職員たちは愛想がよかった。「朝日にもどんどん来てるんですよ。だけど身元を隠す抽象的なのも多くてね」「うちに来てるのもほとんどそうなんです」。連日書きまくって来た田岡も、この日はネタ切れになっていた。そうだ、今日は楽屋話でいこう。朝日と検査院に内部告発続々、というのは社会現象として面白い。それに投書が来ている、という記事自体が、さらにまた情報提供を生むことになるだろう、と田岡は社へ帰る車の中で計算していた。

「山本君、告発続々って記事はどうかな」

「あ、そりゃいい。それを出せばもっと投書や電話が来ますよ。明日の夕刊に公費天国関係の記事がない。書いて下さいよ」

二人の話は手っ取り早い。その後の内部告発ブームはまさに、この計算通りとなった。

〔九月一四日〕　検査院は事件発覚以来、午前と午後の二回、秋本総務課長が記者会見をしていた。東雲は初めて検査院に顔を出した。田岡によると秋本氏はウソはつかないし、能吏だという。総務課に入ると、課員たちの目が、うさんくさげだった。「朝日です」「あれ、今朝、もう午後から記者会見はしないことになったのですが」「いま初めてなので。他社は了解したの」「鉄建の調べについて、いえることはすべて話した。もう話すことがない、というのが課長の意向です」「窓口がないのは困る。あいさつもしたいので課長と会わせてほしい」「いま会議中だし、今日はむりで……」。

この日、検査院は、新潟新幹線局の検査を終え、調査官たちは深夜帰京する予定だった。それに合わせ、検査の内容についてはいっさいしゃべらない、検査院は意思統一したのだった。「検査の結果の分析は第五局が単独でやるので、総務課としては、何もわからない」というのが、記者会見拒否の論理だ。

そんな建前論では引き下がれない。東雲は「貝になった会計検査院」の記事を書いた。連休明け、検査院側は「決して取材拒否をするということではありません。いればいつでも取材に応じます」と折れて、再び定期会見が始まった。

〔九月一九日〕 朝七時、山本は自宅から社の車に乗った。川島総裁の自宅は車で一五分くらいしか離れていない。雨で、今日の早朝散歩はない、と考えた。三〇分後、応接間で茶をすすりながら川島と話し込んでいた。

「職員の子どもが学校でいじめられたりで、不徳のいたすところとはいえ、本当につらい。ここ三日ばかり全然眠れないんだ」

私大出のハンディを克服して、内閣官房副長官までかけ上がった強気の男の面影はなかった。果物を運んできた夫人の顔も、山本にはつらかった。

「総裁、結果責任は仕方ないよ。総裁になって半年だから、世間もあなたが犯人とは思うまい。運が悪かった」。事件の背景、公団内部の問題、不正経理の後始末、今後の対応など、煮詰めた話を続けた。突然、川島が「時間を待って責任を取る」といい出した。山本はふとさみしい気持ちになった。「辞めないわけにはいかないんでしょうね」と山本。川島は黙ってうなずいた。「川島さんの気持ちを含めたインタビュー記事を載せたい」「うーん」。

その足で運輸官僚の自宅へ朝回りをかけて「辞任必至」の裏を取った。社会部遊軍席についたところへ、運輸官僚から電話がかかった。「総裁がちょっと待ってくれって」。

インタビューの代りに、朝回りで手に入れた「鉄建不正、あす中間報告、カラ出張二億円、処分が今後の焦点に」を朝刊用に書きながら、谷に「川島は辞めるよ」と伝えた。谷は隣の政治部へ行き、「川島更迭の警戒をよろしく」と頼んだ。政治部デスクはいった。「わかった。フォローしましょう。だけど、今やそれを決める方のクビ（大平首相）があぶない状況だからね」。

午後四時ごろ。遊軍席で山本は安部と「公費天国」の続きものの最終回のゲラ刷りを点検していた。「それにしても、相変わらずすごい投書ですね」と安部。「電話によるものも多いしなあ。まあこれだけ反響のある続きものをやれたのだから、満足といっていいね」と山本がうなずく。

遊軍席の後ろに貼り付けてある「官庁不正、読者情報入れ」の大きな袋は、もう三つ目が一杯だった。

「こんなことはいままでにないなあ」社会部歴二〇数年の伊藤部長も首をかしげていた。「この間に寄せられた投書・電話メモの山を改めて読み返してみて、圧倒される思いがする」と、事件一ヵ月後の夕刊コラム「触覚」に安部記者は書いた。

――これでもか、これでもか、と新しい「不正」が登場する。カラ出張、ヤミ超勤、ヤミ賞与、カラ出張、過剰接待、無料パスの乱用などなど。いま手元の、ある一日分のメモをみても専売公社、神奈川県、大蔵省、NHK、大田区役所、東京学芸大、税務署、電電公社、労働省などの名が出てくる。私憤もある。が、これは少ない。おおかたは公憤、義憤のたぐいだ。役所勤めの間、腹にたまっていながら、「言う勇気がなかった」と矛盾を吐き出す人。「仲間を裏切るつもりはないが、あまりにもひどいので」と書いてくる人もいる。退職者と若い女性からのも意外に多い。告発以外に、激励、注文もくる。「新聞がこれほど毎日面白いと思ったことはかつてない。正義のペンをいっそうふるって」と。投書、電話をヒントに取材し、記事にし、また投書がきた――。

「アメリカなんかと違って、内部告発のない国といわれた日本で、こうセキを切ったように告発が殺到する原因はなんだろうか」

〔九月二五日〕　午後八時。取材班が久しぶりに顔をそろえたところで、夜回り前の打ち合わせをした。鉄建問題が一つのヤマを越え、「公費天国」の続きものも終了し、これといった目標はないが、内部告発は山のように来ている。すごい内容のものから、生ニュースは無理でも工夫すれば生かせるものまでさまざまだ。

他社も、環境庁不正経理のように全力で追いかけ始めた。「ここで戦線を整理して再攻勢をかけよう」と、谷はハッパをかけた。が、メンバーはややげんなりしていた。もう二週間以上まともに家に帰っていない。最終版の点検をして朝方四時ごろ帰宅する点は谷も同じだが、実戦部隊はさらに早朝から朝回り、昼間喫茶店などでちょっと休む、そして夜回り、という毎日だ。「女房や子どもの顔を忘れそう」「カゼが抜けないこともあって、もう風呂に一〇日以上入ってない」「うちのカミサンは、わが家には下宿人が一人いるの、なんていってる」などグチも出る。

だが、局長賞も出た。それよりも、いま、あの官僚機構がようやく揺れ出した。「庶民の味方、社会部」としては官公庁の積年の病弊にメスを入れ、血税を自分のカネと勘違いしている連中の目をさまさせる任務がある。

「しょうがない。ま、やるか」。結論はこれしかない。手法は二つ。一つは「ワッペンもの」と呼ばれるヤツだ。「公費天国を切る」のカットをつけて、生ニュースとしてはやや弱いが、読みものとしては十分扱える税金ムダつかいのさまざまな実態を追う。いま一つは、「官公庁の本丸」に迫る大攻勢だ。一流どころの不正を徹底的にあばく、というのだ。鉄建の兄貴分の国鉄、公社・公団の雄、電電公社、そして本丸中の本丸、大蔵省をターゲットとした。なぜなら、これらについてはすでに、詳細な内部告発が届いていたからである。

「大蔵をやらなくちゃ、いってしまえばキャンペーンの意味がない」と山本はいい放つ。「内容も絞ろう」と谷。少人数のチームでめくらめっぽう当たっても効率は低い。内部告発が来ているもののうち、行けそうなものにまず的を絞り、しかも「各分野の代表制」をとる。税金食いものぶりに対しても、ヤミ賞与のような労使慣行的なものよりは高給官僚が一流料亭でドンちゃん騒ぎとか、幹部機密費みたいなものを徹底的にあばこう、ということになった。

〔九月三〇日〕　ワッペンもの「公費天国を切る」は、九月二六日「政治家のパーティー券押付け」（田岡、山本）で、いま流行の「励ます会」の薄汚さを解明した。続いて二七日「役所の腐敗、総選挙の焦点に」で、立会演説会で各党が公費天国を焦点に取り上げ、有権者の関心が高まりだしている重大な動きにふれた。二九日には、田岡が、鉄建公団のデタラメな「隠し体質」を書いて、裏金づくりの手口となっていた職員数の定員と実員の差まで隠す態度を裸にした。

もっとも、谷も山本も「ひょっとすると選挙に影響が……」ぐらいにしか思い至っていなかったのだが、約一ヵ月にわたり朝日新聞が精力的に報道を続けた公費天国追及は、国民の間に大きな反響を呼び起こしていった。

〔一〇月三日以降〕　この日の参院決算委は、案の定、「公費天国」追及は形式だけで終わった。六日付の「天声人語」は、このいいかげんさについて「責任は大平内閣と自民党にある。しっかりと覚えておきたい」と書いた。この日付の朝刊から総選挙投票日まで、公費天国を追及する朝日新聞の第二段階の大攻勢が始まった。

三日郵政省のカラ出張、四日杉並区役所のカラ超勤、五日栃木県立高の先生のカラ出張、同日夕刊鉄建公団退職金雪ダルマ、前総裁は八千万円も、そして六日官僚機構の中枢大蔵省のカラ出張、裏金づくり、と一息も入れずに連打を続けた。

話は少しさかのぼる。警視庁詰めの河谷史夫記者は、九月二八日夜、ポケットベルで呼ばれて社へ上がった。

「これ、頼むよ」

顔を見るなりデスクの谷が手渡して来たのは、一通の封書だった。便せん五枚に、きちんとした文字で書かれた内容は、東京・杉並区役所の国民健康保険課で、公然とカラ超過勤務が繰り返されているというものだった。内部告発が自治体にも広がったわけだ。手紙には、差出人の住所、名前、電話番号が明記してあった。一〇月一日以降、公費天国取材班への応援を言い渡されていた河谷は、こうして取材班へ組み込まれた。

「要するに」と、手紙を読み終わった河谷がぶっきらぼうにいった。「こいつをつぶせばいいんですね」。

「そう、つぶせばいいんだ」。谷はオウム返しにいった。

九月二九日の午後二時、新宿の喫茶店。河谷は杉並の内部告発者と会った。手紙の内容を一つひとつ確かめる問いに、相手は一つひとつうなずいた。

「たとえば、こんなぐあいですよ」と、相手がカバンから取り出した文書は決定的だった。カラ超勤を機械的につけたという超過勤務命令簿のコピーだった。

「この月、私は一時間も残業してません」

そう言った相手の超勤命令簿は、しかしきちんと三時間ずつ五日間にわたって残業をしていたように作成されていた。このコピーは六日後の一〇月五日付紙面に「杉並区役所でもカラ超勤」が報じられたとき、カット写真に使われた。

一〇日の午後五時、河谷は浮かぬ顔で社会部の遊軍席に座っていた。日曜も返上して走り回ったが、内部告発を他で確認する作業は難航していたからだ。それと察した山本が近寄っていった。

「ブツ（超勤簿コピー）をぶつけるよりないんじゃないか。こっちは（証拠を）持ってるんだ、と見せなきゃ、なかなかしゃべりはしない」

その夜、河谷は五軒をたずねた。のっぴきならない証拠の効果はてきめんだった。告発は傍証で固まった。

「あのう、これ、新聞記事に出るんですか。もし、そんなことになれば、私も気が弱い人間ですから、どんなことになるか」。超勤命令簿作成に関与していたある係長は、こういって涙ぐんだ。

「べつに、あなた一人の責任じゃないですよ」――話を聞き終わったあとの河谷は、こんどはなぐさめ役だった。

赤字国保も食いもの
杉並区でカラ超勤　月二、三万円の特別収入

赤子に悩む国民健康保険会計をくいものにして、組織ぐるみで計画的にカラ超過勤務をつけ山分けしていた、という悪質な公費つまみ食いが東京都杉並区で行われていた事実が三日、朝日新聞社の調べで明らかになった。残業もしていないのに、していたかのように書類を作成して手当を受けていたもので、当事者の話では「長年の慣習だ」といい、一人当たり毎月平均、手取りで二、三万円の「特別収入」になっているという。舞台になった同区役所国民健康保険課の超勤手当は年に約二千万円。このうちかなりの分が「カラ」で支払われ、国保会計圧迫の一因になっていたとみられる。この手口は他の区などでも行われていた疑いが強まってきた。公団や中央官庁から自治体にまで「公費天国」が根を張っている事実がいっそう明らかになった。東京二三区は来年度国保料の大幅値上げを予定しているだけに、波紋は大きいようだ。（以上前文、一〇月四日朝刊）

（5）本丸に切り込む

〔一〇月四日〕　前夜の大蔵官僚集中夜回りは失敗した。チームの中から「別の方向からの再アタック」、つまりノンキャリアを対象にする提案が出た。

午後一一時五〇分、山本は東京近郊の大蔵省関係者の私宅のブザーを押していた。二度目も返事なし。三度目は長く押した。玄関の明かりがぱっとついた。ドアを開けた夫人はきちんと服を着ていた。ほっとした。

「ご主人が戻っておられたら、ちょっとお目にかかりたいのですが」と名刺を出し、来意を告げる。

「上がってください」。第一関門突破だ。少し前に帰ってきたというこの関係者は、背広を脱ぎかかっているところだった。アルコールが入っているようだが、その目は、こちらの「訪問の意図」を見抜いているようだった。

山本は告発の内容を語り、一人だが、すでにカラ出張の事実を認めた大蔵官僚がいることを述べ、「本当のところを知りたい」と話した。しばらく黙って内部告発文書をながめ、山本の言葉に耳を傾けていたあと、こう言った。

「やっていました。間違いありません。カラ出張の会計操作は、なにを隠そう、私が担当の一人だったのだから」

あとは一気に語ってくれた。しかも微細にわたり、カラクリから浮かせガネの操作まで。大蔵省のカラ出張は、鉄建公団や郵政省のように、職員のヤミ給与となっているのではなく、幹部の裏金に回っているという重大な事実もわかった。

「で、いつやめたのですか、そのカラ出張を」

「ん？　やめた？　やめてなんかいないよ。少なくとも私がその担当だった昨年まではずっとやっていた。いまでもやっているはずだ。間違いないね。やめるなんて話も動きも私は聞いていないよ」

山本は心中、小躍りした。「やったぞ。官僚の本丸についに一太刀浴びせられる」と。さらに三〇分ほど話を続けた。時計は午前一時を回っている。

「あなたのような正義感のある人がいることで、私は役人世界全体に絶望しなくて済みました」と山本が述べると、相手は照れくさそうに笑いながら「必要なら証言台に立ちますよ」と、毅然と言い切った。

大蔵省担当はここ数年の大蔵省職員名簿をめくりながら、東京郊外の住宅地に向かった。すでに夜一一時半。めざす家の呼び鈴を押す。二階の雨戸が開いて、「今ごろ、どなた」。非礼をわびると、相手は快く応対してくれた。カラ出張について「よく知らない」と繰り返したが、「あの人ならわかるかもしれない」と名前を教えてくれた。かすかな手がかりは残った。

教わった相手の家はすぐ見つかった。「玄関先でけっこうですから」と用件を告げた。「まあ、おすわんなさい」といわれ、しばらく雑談する。硬かった相手の態度がやわらぎ、本題のカラ出張に移った。「ウーン、長い間世話になりながら、退官すると大蔵省をくさすやつがいる。実にけしからん。しかし、事実は事実だからいいますが、カラ出張はやっていた」。さりげない調子だった。思わず念を押す。「間違いない」。私も（カラ出張旅費請求書に）判を押したのだから」という。事情をよく知る元大蔵省職員の名まで飛び出した。この間、約四〇分。帰りの車の中で、いま聞いた話を正確にメモした。

社会部で、夜討ち組からの「戦果」を電話で受けた谷は、「とうとう本丸に突入することが出来た」と肩の荷をおろしながら、早くも一〇月五日組の朝刊紙面にどう掲載するか頭をめぐらせていた。

〔一〇月五日〕 午後三時から有楽町の朝日新聞八階にあるレストラン、アラスカで、大蔵カラ出張最終打ち合わせが開かれた。

「今日組みセットから行こう。一面本記、社会面関連、明日の夕刊で反響という方法でどうか」と、一面本記、社会面、さらに明日の夕刊の記事の担当者が決まる。

谷が「大蔵は全面否定で来るだろうなあ。その時どうする?」と発言した。座が静まった。そういえば、郵政省のカラ出張も、当局は否定しっ放しだ。「読者に水掛け論的な印象を与えてはなあ」と数人がつぶやく。

「ぼくのソースは証言台に立ってもいいと言っているが……そうもいくまい」「そうなんだ。大蔵が否定した上でどうするかだ」と一同。

「こうしよう」と谷が決断した。「社会面で、すでにがっちりと証言のとれている三人の内部関係者の証言集を載せよう。大蔵当局の否定と、この証言を読者が比べれば、ウソつきはおのずと明らかになるだろう。それから東雲君に、中枢に迫れない会計検査院、というのを書いてもらおう。大蔵が否定してくるのは、検査院をナメていることによるのだから」

直ちに作業が始まった。本記を書き進む山本の横で谷が「組織ぐるみのカラ出張は他でもやっていたところ、同じカラでも大蔵の特徴である裏金作りにポイントをおけ」と指示する。大蔵省に担当が当たっる。「どうも大変らしい。次官と官房長が額を寄せて対策を練っているようだ」と重要情報が入って来る。

安部が、大蔵省の旅費一覧の膨大な表と取り組んで書き上げ、会計検査院の限界を指摘する東雲の記事が出来た午後七時、大量の原稿が谷デスクから整理部へ渡された。

が、それから妙なことが起きた。伊藤部長と谷が編集局長室へ呼ばれて、しばらくして帰ってくると、二人とも一時、無口になった。山本や安部たちはいぶかしげに見ていた。けんかの相手は日本一の権力機構、大蔵省だ。圧力でもあったのか。そんな空気が流れた。が、別になんの指示もない。輪転機が回った。一一版から「ラ・テ禁、交換停止、持ち出し禁」となった特ダネが、一面、社会面に踊っていた。

この夜の朝刊紙面編集スタッフの主軸である整理部総合デスク和田正次郎部長代理は、出稿部デスクに、主な記事の背景説明をよく求めるタイプである。「どうなっとんのや」と大阪弁で、じっくりと話を聞き、記事を扱う面の指定、面の中での位置、見出しの段数、見出しの字句の参考にする。これは当日の紙面をニュースの価値判断の点で正確にすると同時に、ニュースの展開の方向性を押さえておく点で重要である。社会部出稿の今夜の記事についても、谷から背景説明を十分に聞いた。出来上がった紙面では、本記は一面の中トップ（第二項目の大きなニュース）ながら、面の中では最も目立つ扱いに作られていた。

すべての作業が一段落したところで、谷は「妙なこと」について取材メンバーの皆に説明した。朝日の記事の内容について、コメントを求められたことから大蔵省の複数の幹部が、「知人」の朝日の複数の幹部に電話をして来たのだった。ただし、その内容は「あまり大きく扱わないでほしい」というものだった。編集局長室にそれらの要望が情報として入り、中江利忠局長が、社会部から朝刊にどんな内容の原稿が出るのかを聞くのと、大蔵省筋の動きを知らせるため呼んだのだった。谷は中江局長に「大蔵省筋からの複数の要望で、逆に裏取りが出来ましたね」と言った。「まったくその通りだな」

と局長はいい、むろん、それらの要望は紙面扱いでわかるように拒否された。みんなも記事の確かさを改めて確認した。

一〇月六日付け朝刊、「大蔵省もカラ出張の疑い、水増しで裏金作り」の特ダネは、霞ヶ関を揺るがせた。

大蔵省もカラ出張の疑い
水増しで裏金作り　幹部交際費などに流用　内部から証言　戦後ずっと続く

大蔵省の主要局で、組織ぐるみのカラ出張で裏金をつくる経理操作が長い間続けられてきた、という疑いが、内部関係者の告発や最近まで同省主要局の総務・経理のポストに在職していた複数の人たちの証言で濃厚になった。それによると、カラ出張の全体の規模は今のところ不明だが、同省の各種旅費にあらかじめ水増し分が含まれており、それを裏金の財源として集中的に管理し、幹部の交際費や会議費の不足分（おもに飲食や接待費）の財源に回し、その分、必要に応じ職員をカラ出張させて帳じりを合わせる、という方法をとっていた。証言者の一人は「一つの課で年に一人当たり二回、一回六万円程度をひねり出して差し出していた」と語っている。また、水増し分について別の証言者は「ざっと二〇％」と述べている。同じカラ出張でも、鉄建公団や郵政省のように職員の山分けに大半を費やしたのではなく、ほとんどが裏金となっているのが特徴だ。大蔵省は実質的に予算配分権と徴税権を一手に握り「政府のなかの政府」として君臨、最近では増税路線の本拠

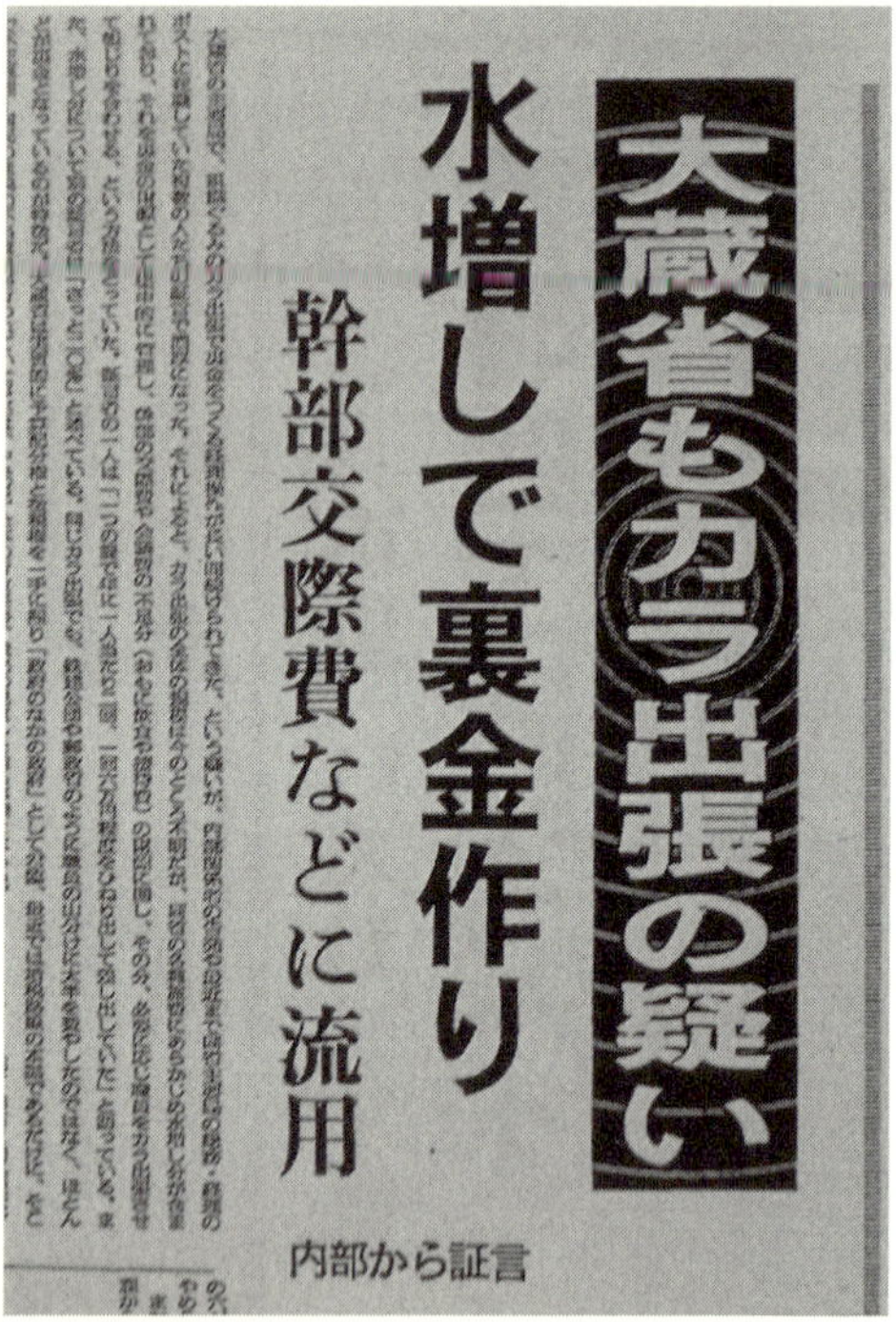
大蔵省もカラ出張の疑い

水増しで裏金作り

幹部交際費などに流用

内部から証言

であるだけに、そこで不正経理——国民の血税の不当流用が行われていた事実は、中央官庁全体の行政姿勢、歳出の見直しを迫る事態となろう。（以上前文、一〇月六日朝刊）

〔一〇月六日〕　この日の「天声人語」は三、四日に開かれた参院決算委員会、同運輸委員会が、首相ら閣僚、自民党委員の大量欠席で、公費天国追及審議がカラ振りに終わったことを鋭く批判した。「責任は大平内閣と自民党にある。しっかり覚えておきたい」と天声人語は政府、自民党に警告した。

この日午後一時から編集局長別室で、公費天国キャンペーンの「第一部終了」の合図である記者座談会を開いた。七日は総選挙の投票日、八日には開票結果がわかる。キャンペーンは中断せざるを得ない。公費天国取材班も選挙取材に狩り出される。

が、記者座談会は弾まなかった。大蔵省カラ出張のスクープをものにしたとはいえ、なにか空しい気持ちが皆に漂っていた。「いろいろやって、戦後日本の権力構造の中心、官僚機構の腐敗に初めて徹底的にメスを入れたけれど、相手は否定のまま押し切ろうとしている。選挙も無風で自民党の大勝との予測が強い。ペンの力も無力だなあ」とつぶやきがもれた。

「いっそのこと大蔵が告訴してくれないかなあ。こっちは内部関係者が証人に立つとまでいってくれている。今日もさっそく大蔵内部から、大蔵当局の否定談話は真っ赤なウソ、間違いなくカラ出張やってます、という電話も何本かかかってきている」「告訴してくれれば、一番肝心の旅行命令書の提出を迫れる。それを調べれば、カラ出張は一発だ。詐欺、横領の刑事事件になるよ」と悔しさがもれる。

そこには、増税を叫び続ける大蔵官僚が、税金をくいものにしている事実に対する憤りと、いらだちがあった。

〔一〇月七日〕　総選挙の投票日。そして即日開票分が続々と判明。編集局内は戦場と化す。夜一〇時近く、社民連を担当させられていた山本が社に上がってきた。本番デスク席にいた谷と顔を見合わせ、複雑な顔でうなずき合った。予測に反して自民党が負けそうだ。増税が影響したのだろう。だとすれば、税金くいものの「公費天国」追及キャンペーンもなんらかの作用をしたのかもしれない。「選挙への影響は半信半疑だったのにねえ」と山本。「自民党はもしかすると大敗するかもしれないよ」と谷。

〔一〇月八日〕　午前二時。どうやら、自民党が強いはずの即日開票分で敗色濃厚となった。核心の地盤である翌日開票分の都市部ではもっと負けるだろう。「山ちゃん、ひょっとすると自民党は二六〇台を割るかもしれないぞ」と谷がいう。「そうなると大変だなあ」と山本が答える。

向こうで選挙班がなにやら話し込んでいたが、総選挙担当デスクが急に注文を出してきた。「自民党が大敗したら、『公費天国』が国民の怒りを買ったのが一因だ、という原稿を夕刊に出してくれないか」というのだ。いつも「前向きに」が好きな谷は「ＯＫ、やろう」と二つ返事で受けた。が、山本は渋い顔をした。公費天国班は選挙取材で出払っているし、一睡もしていないからクタクタだ。それに、他からの註文はいやがる性分も働いた。しかし、デスクの谷が「うん」といったのだ、仕方がない。

マトは「自民大敗におびえる霞ヶ関」とした。大敗の一因に公費天国の露見があるから、自民党からは怒られるし、勢いづいた野党には追及されそう、という往復ビンタを食らうおそれに、いま官僚はどんな顔をしているか、である。取材班の合作で「霞ヶ関のゆううつ」をその朝の表情で作り、同じく徹夜して、社の向かいの早朝サウナから戻った谷に出稿した。論説委員の一人が、「いい着想だ」といってくれたのが、山本の疲労をやや緩和させてはくれた。

自民党が敗北を喫したことがはっきりした段階でのテレビの取材に、大平首相は「投票日の当日の朝刊でまで……」と言ったところで次の言葉をぐっと飲み込んだ。明らかに霞ヶ関の「公費天国」への追及の手をゆるめなかった朝日の紙面への悔しさだった。

午後九時。山本は友人の週刊朝日記者と六本木の料理屋へ軽くやりに立ち寄った。女将は取りとめもない話をしているうちに突然こういった。

「自民党負けるの当たり前よ。うちにも来るの、大蔵省の若いキャリア連中が。はじめは接待で連れてこられていたのだけど、そのうち自分たちだけで来て、別の官庁へツケといてくれっていうのよね。新聞に投書しようかって思うほどハラが立って。若いうちからああじゃあ、身ゼニで飲むことなんか考えられないでしょうね」

山本は、自分たちがやってきたキャンペーンが正しかったことを改めてかみしめるとともに、「公費天国」の根の深さに、うんざりした。

〔一〇月一五日〕　夕方、社内のレストラン、アラスカで、取材班は再び打ち合わせをした。一一、一二両日の参議院で大蔵省は、カラ出張の事実や高給料亭接待などをまとめて否定した。「このまま黙っていては朝日の報道の威信が問われる」と山本。「どう反撃を加えようか」と谷。チームは憤りと憂うつで重苦しかった。
「変な手紙が来てるんですよ」と安部が口を開いた。赤坂の料亭の関係者からの手紙で、「大蔵官僚が、接待を受けていないなど、そらぞらしい。一番派手に、集中的に接待を受けている。相手は官公庁、公社・公団、銀行、産業界までさまざまです」と書いてあり、「内部資料がある」と付記してある。「これはどうですか」と安部。「それぞれ、早く言わんかいナ」と谷。「安部ちゃん、すぐ当たってくれ。料亭『あいちや』に入りびたっていることさえ認めない連中に、動かぬ証拠を突きつけてやろう。なにしろ金子蔵相がはっきり『高級料亭には行っていない』といったんだ。その化けの皮を今度こそはいでやろう」と山本が意気込む。谷は直ちに安部らの「大蔵取材チーム」を編成した。

その足で安部はこの情報提供者の自宅へ車を走らせた。「これです」と取り出して、見せてくれた資料は詳細を極めていた。赤坂の某料亭の、ほぼ一〇ヶ月間が克明にわかるものだつた。「これをコピーして、分析したい」と頼むと、快く貸してくれた。その夜、社会部の子どもさん(原稿係)の一人は、ほとんど徹夜でコピー作りにあたってくれた。

〔一〇月一八日〕「すごいものが手にはいったな」コピーを整理する場に居合わせたデスクら数人が目を輝かせた。安部はその夜、再び提供者を訪れ、貴重な体験談を聞かせてもらった。資料からはうかがえない人臭い話に、夜の更けるのも忘れた。

資料をどう使うか。谷、山本、安部は頭をひねった。せっかくの「一級資料」を、十二分に活かしたいが、料亭を利用する客のプライバシーを犯したり、暴露記事になってはならない。「この資料は使い方が難しいぞ。よく考えて慎重にな」と伊藤部長が念を押した。

〔一〇月一七日〕取材班のメンバーは、料亭周辺の複数の情報源に当たった。戦略は決まった。分厚いコピーの中から、省庁や公社・公団が公費で大蔵省幹部をもてなしている、典型的な「公費天国」の例を一三件抜き出し、片っ端から接待した側、された側に当たって、「裏を取る」作業が始まった。コピーの整理と、抜き出し作業のため、安部はほとんど二晩徹夜した。その努力のおかげで、取材班にとって明確な資料となった。

〔一〇月一八日〕　山本は京葉地区の若手官僚の自宅へ足を運んだ。料亭の資料では、この官僚は住宅公団の接待を受けている。困惑しきった顔で応対した相手は、まず「よく覚えていない」と答えた。「よく覚えていないほど料亭を使っているのか」「そういうわけじゃないが」「金子蔵相は高級料亭に行った部下はいない、と明言した。国会でだ。あなたの行った料亭は一回一人四万五千円かかっている。どう思うか」「そういわれても……儀礼的範囲だ」「庶民は一〇〇〇円のカネに苦しんでいる。大蔵省は増税を叫び、その一方で、一晩数一〇万円もする税金のムダづかいを平気でやっている。あなたの良心に聞きたい」「……。よくないことかもしれないなあ」「カラ出張はやっていないか」「やっていない」「会議費や交際費の不足分はどうしている」「ノンキャリの担当者がうまくやってくれている」「冗談もいいかげんにしなさい。どううまくやってるんだ。打出の小づちじゃあるまいし。不足分は、他省費からの流用か、カラ出張で浮かすしかないだろう」「……それはノンキャリの分野だから」。

山本は暗い気持ちで引きあげた。「大蔵のキャリアは骨の髄まで腐っているんじゃないか」。キャリアがカラ出張を否定する理由はわかっていた。一つはバレたらやめなければならないからだ。もう一つは、ノンキャリの会計操作の上にあぐらをかいて、本当にカラクリを知らないのだ。このことを山本は建設省の高級官僚から教えられた。とくに大蔵省の場合はただ〝よきにはからえ〟なんだ。山本は嘆息した。

そのころ社会部では「ウラが取れた、確実だ」と安部。チームは「もう一息で、完全に詰まる」との報告をし合っていた。さらに安部は四〇分ほど出かけて戻ってきた。

「厚生省はひどいことをやっている」と、興奮気味だ。大蔵省接待費をおとすため、半年間に約一〇回の会議を開いたことにし、一回五、六万円の会議費支出の名目で経理処理をしていたのだ。明らかな公文書偽造、犯罪ではないか。「いける。それだ」と全員が意気込んだ。翌一九日、朝刊社会面に初めて「赤坂村の実態」を紹介する記事が登場した。

後日談がある。鉄建公団は大蔵接待を「銀行接待」の名目で処理していたこと、厚生省の不正経理の実態などを、「報道の通りだ」と会計検査院が衆院大蔵委員会の場で公式に認めた。

大蔵接待これでも否定?
赤坂の高級料亭内部資料は語る　公費使い一晩数十万　カラ会議十回、費用ひねり出す

カラ出張や宴会行政など「公費天国」問題が官公庁全体へ広がっているなかで、官僚機構のトップに立つ大蔵省は、カラ出張や、他省庁、公団からの盛大な接待の事実に対し、いぜん「そういう事実はない」と否定し続けている。しかし、朝日新聞社が一八日までに入手し、裏付け調査を行った東京・赤坂の高級料亭の内部資料によると、大蔵省の高級官僚たちが、鉄建公団をはじめ各省庁、公団、銀行、産業界にいたる広範な分野から盛大な接待を受けていた事実が判明した。しかも、接待側の役所のなかには、この費用の処理に困り、公文書を偽造して別名目で処理していた、という重大な事実もわかった。大蔵省側は金子大臣を先頭に「高級料亭での接待はない」と国会で断言し

たばかり（一一日参院運輸委、一二日同決算委）なだけに、この事実判明によって、責任を問われることになりそうだ。

この料亭は、政、官、財界の人々が足しげく通う赤坂の高級料亭の一つ。入手した資料は、五三年一月から同年九月まで九ヵ月間の同料亭の客の動静である。このうちから、役所や公団が大蔵省高級官僚を接待した例を拾うと、別表（略）のようになる。表にはのせなかったが、このほか、大蔵官僚は銀行や業者からも数多く接待されている。

同料亭の内部関係者は、費用は一人一回平均四万五千円、車代や持ち帰りのおみやげは別。接待される役人は他の省庁のものもいるが、大蔵省が断然多い、と証言している。

表でみるように、一晩で数十万円のカネが使われているが、朝日新聞社の調査に対し、接待した側は、このカネは全部公費、つまり税金などで支払ったことを認めている。この表の分だけでざっと五百万円である。　実は、この料亭は、横浜の料亭「A」のように格別の〝大蔵省お気に入り〟ではなく、大蔵官僚がひんぱんに通う料亭のうちには入っていない、という。だとすると、この五百万円という金額は氷山の一角ということになる。

主な接待状況をみると――

昨年九月一九日夜。厚生省の事務次官招待の宴会。主客は大蔵省主計局次長、主計官、主計官補佐と総務課長ら七人。厚生省側は事務次官、官房長、会計課長、予算担当補佐ら五人。午後六時すぎから芸者も入って始まり、午後九時すぎに終わった。うち四人は午後一一時ごろまでマージャンをした。

官用車で来た幹部らは、その車で帰宅したが、大蔵省主査クラスには、厚生省側が個人タクシーのチケットを渡した。

この時期は、五四年度予算の概算要求が大蔵省に提出された直後。「これからいろいろお世話になります、ということで」と厚生省側は宴会の「趣旨」を説明する。請求書の金額は五三万三千一百八〇円。芸者の花代は、請求書上には現れず、その分料理の品数が水増しされているという。

厚生省の説明では、支払いには庁費の中の会議費をあてた。ただし「赤坂の料亭で大蔵省接待」では、会計検査上まずいので、「予算説明会」など正規の会議を省内で開いたことにし、その弁当代、お茶代を支出した格好で経理処理したという。一回の〝カラ会議〟で浮かせられる金額は、せいぜい五、六万円どまり。従って、半年近くかけて約十回の〝カラ会議〟を開き、費用をねん出。その際必要な領収証は、出入りの業者などから事前にもらっておいた白紙領収証を使った、という。

主客の主計局次長は「せっかくの次官のご招待なので断るのもなんだと思い出た。ごちそうになったからといって、予算を曲げるわけでないことだけは信じてもらいたい」。

農林水産省の場合は、関係者の話をまとめると、主計局次長が交代したとき、顔合わせとして招待するのが恒例、という。「六時から九時ごろまでで、二次会はやらない。そこが公私のケジメだ」と出席者の一人。別表のケースは事務次官による招待だった。主計局長が交代したときは、大臣接待になるという。

「いう義務はないが」と、ようやく教えた接待額は「一人三万円程度。計五〇万～六〇万円」。関係書類は会計検査院に提出したためなく、当時担当した職員の記憶によるものだ、としている。

日本下水道事業団の大蔵省接待はかなり激しい。接待側実務者の事業団経理課長は、現在大蔵省主計局員である。「年に二、三回程度の顔合わせは必要」と話す。三月の接待相手は主計官補佐らで「予算国会も終わり、お世話になったので」。五月のは「事業計画がまとまったところで」。八月は「主計局次長（現大蔵省局長）が新たに担当となったので」。

住宅公団の接待を受けた大蔵省の若手の一人は「儀礼的なものだと思っているが……。税金といわれても多額ではないはず。えっ、一人四万五千円？　そんなに高いのかなあ」と首をひねった。

不正経理が明るみに出た鉄建公団は、会計検査院の調査の過程でカラ出張で浮かしたカネのうちかなりの額が大蔵省接待に使われたことが判明、問題となったが、今月一一日の参院運輸委、一二日の同決算委で大蔵省側は、「鉄建公団から高級料亭で過剰接待を受けたことなどはない」と否定していた。

だが、この九ヵ月間に一つの料亭だけで、局長ら同省の幹部が二度にわたって接待されていた。八月一七日の宴会では、「バンドが入って夜一一時まで騒いだ」と内部資料には記されている。このカネが、カラ出張分から出たか、〝正規〟の会議費からかは不明である。（一〇月一九日朝刊）

〔一〇月一九日〕「カラ出張の疑い」と報じた六日付の朝日の記事に、大蔵省幹部は抗議こそしなかったが、松下康雄官房長は「信じられない」「朝日は数人の証言だけで記事にするのですか」とかわした。

煮え切らない態度を続けているうちに、大蔵省を取り巻く情勢は、日増しに悪くなっていった。鉄建公団がカラ出張で浮かした金で大蔵省主計局員らが接待を受けていたことに加え、東京・赤坂の高級料亭での大蔵省幹部接待を朝日がすっぱ抜いた。総選挙での自民党敗北で、一般消費税が遠のいて意気消沈の大蔵幹部には手痛い追い打ちだった。

「このまま手をこまねいていては、財政再建もおぼつかなくなる」。危機感が大蔵省トップを突き動かした。「『綱紀総点検委員会』を発足させ、外部との付き合いのあり方を検討して通達の形でまとめます。他省庁との会合は原則として認めないことになるでしょう。鉄建公団の接待についても調査します」松下官房長は反省の弁を織りまぜ、大蔵省担当にきっぱりといった。

官公庁の頂点に立つ大蔵省が接待禁止を決めれば、他省庁、公社・公団も右へならわざるを得ない。公費天国キャンペーンの成果としても意味は小さくない。

あいにく夕刊紙面は混んでいた。「一面に五〇行ほどなら」と夕刊デスクからいわれていたが、手分けして一五〇行以上を出稿した。

連絡を受けた谷も夕刊デスクに「出来る限り大きくやってほしい。大蔵もお茶を濁す、というのでなく、かなり参って真剣なようだから」と電話を入れた。デスクは原稿の扱いについて整理部にかけあい、プッシュした。

夕刊最終版で、整理部は本記を一面トップに、サイドものを社会面トップに扱った。この日の紙面は確かに混んでいた。原稿のキャッチャーであり、料理人でもある整理部の、この時の対応ぶりには、取材班はのちのちまで感謝した。キャンペーン全体での大きな節目だったからだ。

他省庁との会食やめる
大蔵省方針　公費天国を反省

カラ出張、接待行政など公費のムダ遣いが厳しい批判を浴びた大蔵省は一九日、省内に松下康雄官房長を委員長とする「綱紀総点検委員会」を発足させ、不正経理の有無、その根絶のための方策、外部との交際のあり方などについて洗いざらい検討し、今月末までに通達の形で結論を出すことになった。

とくに他省庁との「会食」については「今後、原則として応じない」との方針を打ち出す。これまでの公費ムダ遣いの慣行を自ら率先して改めるとともに五五年度予算の編成に当たっては、旅費、庁費予算の徹底した見直しを断行する、という。

鉄建公団のカラ出張発見をきっかけとした一連の不正経理問題は、大蔵省にも波及。予算編成権を事実上にぎって官庁機構の頂点に立つ同省だけに、とりわけ、厳しい批判が集中した。

カラ出張、他省庁などからの度のすぎた接待などの指摘に対し、同省はこれまで「ないと信ずる」「世間並みの交際の範囲内だ」として批判をかわし続けてきた。しかし、赤坂の料亭での主計局幹部らの接待が明るみに出るなど、こうしたあいまいな態度では「批判をかわしきれなくなった。（以上前文、一〇月一九日夕刊）

〔一〇月二一日〕　朝日以外の日曜の各社朝刊は「あす鉄建公団処分」の予告記事を載せていた。朝日の特オチだ。内容があるのは「新潟新幹線建設局長を免職」を打ち出した読売だった。朝、伊藤部長から谷の自宅に「どうした」と電話が入った。「もっと、カチッとしたものを、今日組みで出す計画でした。しかし、やられました。中身で抜き返します」と谷は答えた。

夕方までに、山本、東雲らが確定的な情報を持ち寄った。早版段階では、明日出る検査院の報告書の中身のあらすじと、処分の方針を打ち出すにとどめた。遅版からは処分に加え、更迭される理事の後任人事も入れた。報告書の中身、処分の内容、後任人事とも翌日夕刊段階での発表と寸分といっていいほど違いがなかったもので、他紙はこの分、夕刊で朝日を追った。

「鉄建不正」で人事刷新
総裁ら五幹部更迭 きょう発令 支社長ら15人減給
常勤監事に宮地氏 総務担当理事に富樫氏

日本鉄道建設公団(川島広守総裁)のカラ出張による不正経理事件を調べている会計検査院は二二日、この事件の検査を終え、けりをつける形の中間報告を国会、内閣、運輸省に行う。これを受け運輸省は、同日直ちに、すでに進退伺を出している川島総裁ら最高幹部五人の更迭を決める。また、川島総裁は同日部内処分を行い、本間寛新潟新幹線建設局長は引責辞任、理事、支社長、建設局長ら一五人を減給十分の一の処分(一年から三ヵ月)とし、森山運輸相に報告する。また、運輸省内も、中村四郎事務次官ら六人が戒告から厳重注意の処分を受ける。(以上前文、一〇月二二日朝刊)

前日の一〇月二〇日、大蔵省の接待禁止の波紋を第三総合面にまとめた。出稿しながら山本が「本当によくなるかなあ」とつぶやくと、安部は「あてになりませんね」といった。「公費天国」の取材を夜討ちし、役人への不信感は抜きがたくなってしまったらしい。この記事では、不正経理のカラクリを図解して示したのが反響を呼んだ。

この夜一一時過ぎ、谷と田岡はすし屋へ遅い夕食を取りに出た。社へ戻ると伊藤部長から谷あてに「自宅へ電話されたし」の伝言があった。受話器を握る谷の顔が、ほころんだ。田岡と目が合うと右手でVサインを出してみせた。電話を終わって谷が「(編集局長の)中江さんが総選挙の打ち上げの席上、近く社長賞が出る、と公表したそうだ」といった。

〔一〇月二一日〕　建公団事件が一応の決着を見る日だった。午前一一時半、検査院の新館九階の講堂で、秋本総務課長が記者会見をした。一ヵ月半以上も騒がれた事件にしては、中間報告は短く簡単なものだった。

秋本課長は「経理執行体制の不備と、職員に経理はきちんと行われなくてはならないという意識が欠けていたのが、事件の原因だ」と決め付けた。と同時に「カラ出張による浮かし金の使途を洗い出したが、六千万円もの金の分の帳簿や領収書がなく、灰色に残さざるを得なかった」と検査の限界を示した。

記者たちから、大蔵省や運輸省の接待について質問が飛んだが、「個々の使途まではわからない」と課長は言い通した。事件半ばから秋本課長は、検査院の立場を「株式会社でいえば監査役」と、中央官庁の「身内」を強調していた。検査結果もその通りで、中身の乏しさは覆いようがなかった。「わかっているのに、これではなあ」原稿を送りながら東雲はつぶやいた。

舞台は運輸省に移り、午後四時すぎから運輸相が処分の発表をした。カラ出張で浮かした金の処理や、鉄建公団下部職員の処分は、会計検査院が一二月下旬に国会に出す最終報告後になるが、ひとまずは、鉄建公団事件の終結だった。総選挙におおきな影響を与え、慣れと惰性で、自ら姿勢を正すことを忘れていた官僚行政に痛撃を加えた衝撃の割には、何かあっけない幕切れではあった。

そうではならじ、と取材班は「これで終止符か」と識者の声を特集した。田岡、東雲、山本が「続・公費天国　鉄建事件の教訓」の連載をぶつけた。だが、時の流れは覆せない。世間の目は急転してKDD事件に向いた。

〔一〇月二九日〕　大蔵省は次官ら九人の処分を発表した。「エー、先ほど大臣から今回の一連の事案についての処分をお受けして参りました」晴れることの少なかった大蔵省の松下官房長の顔が、この日はいっそう沈んで見えた。午後三時半、大蔵省が自らの姿勢を正すために作った「綱紀総点検委員会」の結論と、長岡実次官ら九人の処分が発表された。

記者団から遠慮のない質問が飛んだ。「鉄建公団以外の他省庁などからの接待については？」「特別、調査はしていません。従来の会食については個人の責任と考えず、指導が十分行われなかったということを認めたうえで官房の責任を問うたわけです」「カラ出張は？」「いえ、そのう、ここ一、二年の点検をした範囲では、そういった形跡はないとの報告です。しかし、ある、ないは水掛け論にもなるし、ここで必要なことは予算執行制度を厳しく引き締めることだと思います」「大臣からはどんな話があったのか」「批判を十分に受け止めて、内部をしっかり固めたうえで職務に精励するようにとのことでした」。

松下官房長は会見を終わって「それではどうも」と頭を下げた。超エリート集団ともてはやされることの多かった大蔵官僚には、屈辱の一日だったことだろう。松下官房長の目に、無念さと悲しみがこもっているのが見てとれた。

午後四時過ぎ。大蔵省の処分会見から戻ってきた安部が、社会面記事を書き始めた。半分ほど書き上がった時、山本がむずかしい顔で注文をつけた。「もっと批判の色を強くした方がいいんじゃないか。これが二ヶ月のキャンペーンの締めくくりになる。残された問題はきちんと指摘しといた方がいい」。安部は書き直した。

処分の甘さを痛烈に批判し、本当に反省したといえるのか、と疑問をぶつけた形になった。翌日の毎日と読売の社説も、処分の甘さを鋭く指摘していた。

大蔵省　次官ら九人処分
接待、原則禁止も通達

カラ出張や宴会行政など「公費天国」問題が批判を浴びている中で、予算や財政投融資計画の査定権をにぎる大蔵官僚が他官庁から公費による接待を受けていた事実が次々と明るみに出されているが、大蔵省も二九日、接待に行き過ぎがあったことを認め、金子蔵相が長岡実事務次官、松下康雄官房長をはじめ主計局幹部、係員ら合わせて九人に戒告などの処分を行った。これと併せて「職務上の関係者からの会食等への招待には、原則として応じない」など、綱紀の厳正化について松下官房長名で部内に通達を出すとともに、各省庁など関係方面にもこれを通知することになった。公費による役人接待という「宴会行政」は各省庁間でも幅広く行われているが、官僚機構の〝頂点〟に立つ大蔵省が従来の「社会常識の範囲内」という線から「原則禁止」へ基準を切り替えたことで、是正に向かって一歩踏み出したことになろう。

大蔵省は松下官房長を委員長とする「綱紀総点検委員会」（官房三課長と国税庁を含む各局総務課長で構成）を一九日に発足させ、二九日に一応の結論を得た。（以上前文、一〇月三〇日朝刊）

一連の「公費天国」取材が一段落したあと、担当デスクの谷は、編集局に新設された企画報道室の副室長に異動した。社会部をあとにするに当たって、伊藤部長は谷に、記者の取材手引書の中に、新たに「調査報道」の一節を作るので書くように命じた。谷は体験を踏まえて八項目の取材上の必要事項を直ちに書いて、新手法の手引きの一節を提出、置き土産とした。現在は、八項目は変わらないが、内容はさらに補強されている。

この章を締めくくるにあたり、「公費天国」の本をまとめた際の「はじめに」の一文を紹介しておきたい。

戦後、軍と財閥は解体されたが、官僚機構は無傷で生き残った。そして三〇余年。「霞が関」の名で呼ばれる中央官庁の権力構造は、戦後日本の特徴である公共事業主導型経済によって、戦前とは比較にならぬ強大な機構に成長、肥大化していった。

権力が長く自己増大を続けていくことは、腐敗への道を歩むことでもある。政界のように選挙の洗礼がなく、経済界のように競争原理が働かないことも、腐敗をとめどなくさせる原因であった。なによりも、自己浄化が備わっていないことが、納税者である国民たちにとっては、なんとも歯がゆく、また不幸なことであった。

官僚機構は、自らが生んだ膨大な公社・公団・事業団と一体となって税金を私物化する「公費天国」の道を転がり出していった。

役人の給料が比較的低かった昭和二〇年代に、「生活の知恵」として生まれたカラ出張や会議費水増しによる給料補てん、幹部交際費や接待行政の原資のねん出といったやりかたは、高度経済成長期に入って役人のふところ具合が豊かになり、予算が十分につくようになっても、やむことなく続き、低成長下、国民が千円のカネに苦労するいまも変わりがなかった。

民間会社と違って、親方日の丸の機構のなかでは、「血税ムダつかいへの良心の痛み」さえ感じないほどに、それは慣習化し、体質化した。カラ出張の生みの親が戦後の役人暮らしの貧しさであったとすれば、育ての親は良心のまひの慢性化だった。

「公費天国」にどっぷりとつかった日本の権力構造の最強部分に、朝日新聞社会部特別取材班は総力をあげて挑み、戦前戦後を通じて何者にもおびやかされず、それゆえ税金ムダつかいになんらの痛みを感じていない「霞が関」の積年の体質にメスを入れた。この渦程で、「内部告発」の殺到という、かつてわが国では体験したことのない社会現象も誘発した。

この本は、鉄建公団不正経理のスクープに始まり、赤坂・高級料亭での大蔵省官僚接待行政の暴露に至るキャンペーン、そしてKDDスキャンダルまで、三ヶ月間のドキュメントである。

以上の前書きを書いたのは、鉄建事件の田岡のスクープの機会を逃がさず、この前書きに書かれたような問題意識をもって取材班をリードし、追及に中核的な役割を果たした山本である。

山本はこの「公費天国」取材で培った視点と、目標とする対象の選定、徹底したウラ取り取材による執ような追跡にさらに磨きをかけ、その後の「調査報道の東京朝日」と呼ばれる社会部の黄金時代で常に中心的な役割を果たして行く。

第Ⅱ章　地を這う取材で、不正、腐敗、巨悪を暴く

筆者は「公費天国」以降、東京社会部デスクから新設の東京企画報道室副室長に異動、その後、名古屋社会部長、東京企画報道室長、編集委員などを務めたため、その後の東京朝日社会部の調査報道には紙面を通じての協力はしたが、直接その活動にはタッチしていない。

従って、以下を書くにあたっては、いまは筆者と同様、朝日新聞社のOBである山本博元社会部記者らに会って話を聞き、朝日新聞の記事、また下記にあげる山本氏のいくつかの著書、他の出版物を参考に随所に引用することの了解をもらい、それぞれの調査報道の概要を書き、さらにその内容を紹介する中で筆者自身の感想も述べた。

それにしても、「公費天国」で培った調査報道のスタイルに戦略、戦術的に磨きをかけ、次々と新境地を切り拓き、構築して政、官、財、あるいは白い巨塔にまではびこる不正、腐敗、巨悪を暴いて、日本の民主主義の成熟に尽くし、「調査報道の東京朝日」と言わしめた社会部の精鋭たちの業績は大

きい。輝かしい伝統はこれからも引き継がれることが望まれる。

参考にした刊行物は、東京本社版の朝日新聞、『朝日新聞の「調査報道」』（小学館文庫）、『追及——体験的調査報道』（悠飛社刊）、『ジャーナリズムとは何か』（同）など。

新聞協会賞を受賞

(1) 談合キャンペーン——土工協崩壊

公共工事を請け負う業者間で入札時に行われる談合は、長年ずっと続いてきた慣習で、入札に際して業者間で行われる事前調整は一種の必要悪という見方さえまかり通っていた。

しかし、政・官・財が癒着し巨額な公共工事費を一般入札せず事前調整で仕切り、大規模工事を各社に割り振り、血税のムダ遣いをしている談合の実態を追及しようと一九八一年秋から八二年夏にかけて、朝日新聞の東京社会部特別取材班が調査報道によるキャンペーンを展開した。

談合界の大立物であった鹿島建設の前田忠次副社長と飛鳥建設の植良祐政会長の二人が、談合の中央組織の仕切り役として、大規模工事を各社に割り振っていたことを示す決定的な証拠を入手、報道した。これによって、大手建設会社一八〇社が加盟する最大の業者団体土工協の前田会長ら役員が総辞職する事態になり、全国的談合組織は解体した。

きっかけはあだ討ちだった。ゼネコンを中心とする土木・建築業界で恒常化していた談合の根深い悪弊にメスをいれようと、朝日新聞のある編集委員が、都心のホテルで開かれた土工協の談合組織の秘密会の室内に盗聴器を仕掛けた。これが露見し、編集委員は責任を取って退社した。しかし、未だに真相は不明で、談合側が仕掛けたワナにはめられた疑いが強い。というのは鹿島建設の前田副社長が会議の冒頭、さっき新聞記者がいたなあ、というと大成建設の岡田副社長が突然「それは盗聴だ。テーブルの下を調べよう」といい、コードレスマイクが見つかった。しかも、昼前の出来事が、他紙の夕刊に載ったのである。

この退社事件に社会部の山本博、田岡俊次らが怒った。山本などは、建設省担当もやり、談合の実態についてかなりのデータを持っている。ゼネコンの首脳、建設省のトップ、国会の族議員らに「必ず仇をとる」と公言してまわったのもうなずける。

「公費天国」で培った調査報道の手法で徹底追及するハラをきめ、まず、特別取材班の編成と入手できる限りのデータ集めからスタートした。取材班は二人に加え、公取委担当でのちに御巣鷹山でのジャンボ機墜落事故の本をまとめ、またサリン事件を裁判まで長期にわたって担当した降旗賢一、粘り強い取材で知られる科学部の経験もある内山幸男ら強力な布陣である。最終のターゲットは土工協の首脳陣の解任と組織の解体に絞りこむ。基本的な調査報道の問題意識を共通で持った取材班が動き出した。

やがてすぐ、談合現場をおさえた。一一月一三日付朝日は「喫茶店で白昼の『談合』　都庁のおひざもとで目撃」のルポ記事を載せた。都住宅局発注の工事の入札で、仕切り役の業者が「お願いします」「結構です」と集まった入札業者を整理、落札業者を指定し、入札の予定価格を間違えないように指示して都庁内へ、という生々しい内容だ。通常、工事の発注者側が業者を一〇から一五社に指名していて、「予定価格」は高めに設定され、業者からの見返りが役人の天下りを受け入れるという構図で、官、業癒着の温床がまさにこの談合だ。

新聞読者にとってはなじみにくい業界話のうえ、重要なポイントとなる業界用語が出てくるので具体例で解説記事を書く努力もしている。「丸投げ」などがその例だ。落札した受注業者が、実は自分の会社では工事をせずに、落札で負けた業者に、自社の名前貸しだけして「丸投げ」するのである。こうして実際に工事で業績を上げたい業者は、役所の公共事業をとった実績で箔がつく一方、利ざや稼ぎをするのである。落札業者は、工事現場の看板から作業服、名刺まで投げてもらった業者名に変装して自社の下請けまで儲けさせる図式である。こんなことは追跡してみなければ世間では分からない、現場主義に徹してこその収穫である。

ここへ来て、「公費天国」のときに見られた投書の殺到現象がまた起きたのである。連日、内部告発がドサッ、ドサッと来る。これで、展開を始めたキャンペーンのネタの宝庫が出来る。電話もかかる。投書から明らかになり報道した例をあげると、文部省のOBらで作る「文建会」。文部省の施設整備費は毎年度巨額で、一方、ある年のこの業界への天下りは五〇人。Aクラスの大手をはじめ関連企業、施設整備会社におさまっている。これらが、古巣に工事をよろしく、とお願いする役割を担うのがこの組織なのである。天下る際にはそこが受注できる事業の手土産を持っていくのが慣わしだ。

内部告発の一つ一つをよく吟味して、採用した案件は徹底的に裏取り取材をして、最終の狙いに根気よく一歩ずつ近づけていく。追及の成果として三つのことがはっきりしてきた。一つ目は建設省が来年度何をやるのか、予定工事リストがあること。合わせて工事単価リストもついていること。二つ目は業者の水増し請求が通っていること。新幹線トンネル工事一つで一億五千万円もの水増しもあったこと。そして三番目は、発注者側の予定価格の積算が大甘であること、である。ワースト3をあげれば国鉄、道路公団、鉄建公団であることも突き止めた。

また、塗装業界には「裏ジョイント」なる慣習が続いており、受注業者以外も利益配分を受けることをいい、しかしそれらのおこぼれに預かる業者は一切仕事はしないで、いいという実態を暴いた。

また、内部告発によって談合が日常化している対象は広がり、道路公団、住宅公団、公共公益事業団、各自治体が取材の対象としてリストにあがった。各紙やNHKも朝日を追って追跡を始めた。

こうした追及を続ける中、今ではすっかり定着している「天の声」の実態に迫り、政・官・業の癒着で公共事業が発注、受注され、これを仕切るの必要から土工協の談合が組織的に行われていることをうかがわせるところまで、朝日の報道内容は迫っている。

「不正受注を呼ぶ天の声――政治家が左右する公共事業　公然、役人どなる閣僚　官庁側『実力』で優先順位」（八一年一二月六日付朝日新聞）。概略はこうだ。

談合など公共事業をめぐる「不正」の背景に、「天の声」と呼ばれる政治家の介入があり、特定の業者に仕事をとらせる裏のシステムが、半ば公然と存在していることが、当の官公庁関係者などの証言から、浮かび上がってきた。業者が有利になるよう、政治家が事業発注元の官公庁に圧力をかけ、業者から政治献金を受ける。そして役人は業界に天下り、という政官財の癒着構造。「天の声」は建設業界に深く広く浸透しているといわれ、それを裏付けるように、同業界の政治献金は、公共事業の発注量の増大に比例して増え続けている。関係者の証言によると、「天の声」は建設、農水、運輸、文部各省、防衛施設庁など公共事業発注量の多い役所に集中している。

建設省の場合、道路、河川、下水、都市整備の各部局別に「○○族」と呼ばれる有力政治家がついており、特定業者を「○○事業の指名に入れるように」と、担当局長や公団総裁に要求してくる。大規模工事の場合は、局長を自分の事務所に呼びつけたりもする。役所側は「天の声」にも「特」「A」「B」など政治家の実力に応じてランク付けしている。

「天の声」を引き出すのが政治献金。その資金は、公共事業費からねん出される。公共事業費と建設業界の政治献金の伸び率は寄妙に足並みをそろえている。

取材班究についに談合組織の頂上に一気に迫ることが出来る決定的な内容の一通の投書が届いた。ある日の午前二時ごろ、山本が夜回りから帰り、投書、封書を整理していると、オヤ（？）と思う文書が出てきた。「鹿島建設取締役副社長前田忠次殿　三井建設株式会社」とあり、題が「弊社希望箇所お願いの件」となっている。あいさつ文に続いて「昭和五七年度日本下水道事業団発注予定工事に係わる弊社希望箇所は、別紙の通りでございますので宜しくお取り計らい下さいますよう……」とある。飛島建設の植良会長宛ての文書もあった。三井建設がなぜ同業他社のトップにこうした文書を出さねばならないのか。

これこそまさに談合組織の頂点に、前田、植良氏がおり、組織内の一社の三井建設として仕事の配分を希望し、お願いする「願い書」だったのである。山本は、事態が全面展開したことを悟った。たまたま泊まり勤務だった田岡が寝巻姿でおりてきて、のぞき込んだ。即座に「この文書は談合の中央組織があることの証拠だ。これを使って解明しよう」といい、二人の考えは即座に一致した。
直当たり前の裏取り取材を、二人を中心に夜討ちで徹底して行い、ついに三井建設の内部文書であることを突き止め、内部告発者の立場を危うくしない形を整えたあと、山本が植良氏、田岡が前田氏に夜討ちをかけた。植良氏は「こういうものまであなた方の手に入るようでは、もういかんなあ、もうやめますよ」と言い切った。田岡も取材に成功、談合には発注者側も一枚かんでいるという事実の確認まで取ってきた。

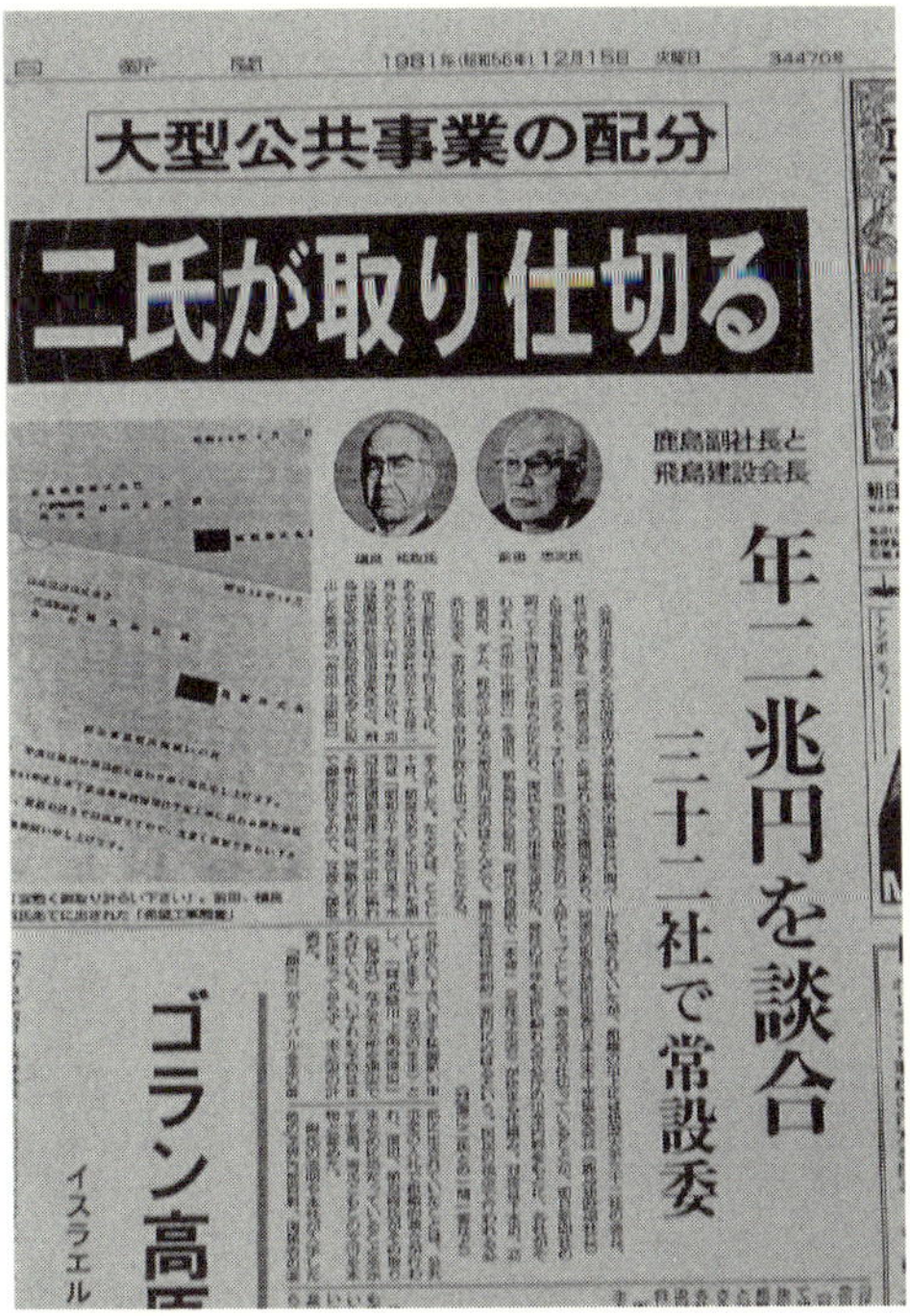
1981年(昭和56年)12月15日　火曜日

大型公共事業の配分

二氏が取り仕切る

鹿島副社長と飛島建設会長

年二兆円を談合

三十二社で常設委

ゴラン高原

イスラエル

1981 年 12 月 15 日付朝日新聞朝刊 1 面

次の日、八一年一二月一五日付朝日新聞は一面トップで衝撃的なスクープを報じた。

「大型公共事業の配分二氏が取り仕切る――鹿島副社長と飛島建設会長　年二兆円を談合　三二社で常設委」

そして、一二月一九日付で、植良土工協副会長の辞任をスクープした。田中角栄派の最高幹部から山本に電話があり、前田も辞めさせるので、岡田を土工協の会長ということで収められないか、と言ってきた。「冗談じゃありません。土工協の人事に新聞は介入しません。岡田さんは談合界のボスである。それに編集委員退職事件の張本人の一人だし」。その年も押し詰まった一二月二六日、土工協の臨時理事会で、辞任を渋っていた前田会長が辞任、首脳陣が総退陣した。

談合組織の頂点の総退陣へのきっかけとなった一通の取材班宛の投書の主は、連日の朝日のキャンペーンの紙面から、その本気度を見て取り、社会正義のうえから、自分も協力しようとの志を持ち、そのデータが、頂点壊滅への決定的な一矢になることを承知で放った内部告発だった、と筆者は思っている。調査報道が持つ極めて重要な側面である。

翌八二年になって、談合問題は全国に波及、国会でも追及が始まった。こうして談合キャンペーンは夏まで続いたのである。世間で長年、「談合は必要悪」との見方がまかり通っていたが、国民の血税を食いものにしている政、官、財の癒着の構図が鮮明になり、談合は悪、との認識が高まったことは大きな成果であった。

社会部取材班は八二年の新聞協会賞と朝日新聞社賞を受賞した。

（2）東京医科歯科大汚職事件——白い巨塔にメス

「医学部教授選出で現金　国立・東京医科歯科大有力委員に贈る　菓子箱入り四〇〇〇万円　候補者

の医学博士　別に〝車代〟一〇〇万円」（一九八三年七月一九日付朝日新聞）。翌二〇日行われる医学部の教授選出に絡み、教授選出委員会の有力教授が、候補者から四、五百万円の現金を受け取っていたことが朝日新聞社の調べで明らかとなり、この教授と贈った候補者の双方は一八日までに授受の事実を認めた。また受け取った教授は、この他にも数件、同じように教授選出に絡んで現金を贈られたことも告白した。「いずれもその後、返している」といっているが、国立大学の教授という立場だけに、社会的、道義的責任を超えた問題にも発展しそうである。

この第一報の調査報道の特ダネから始まった、東京では東大と二つしかない国立医大の教授選がカネで汚染されていた事実は小説「白い巨塔」を地でいくもの、と大反響を呼び、同時に警視庁が捜査に着手、教授を含む大学関係者三人を逮捕、後に有罪判決となった。文部省も処分を発令、波紋を広げた。「医」の暗部の追及を続けた一連の報道によって、八四年度の日本新聞協会賞（編集第一部門＝ニュース部門）を受賞、朝日新聞社賞も受賞した。

東京医科歯科大第一外科の教授選考の最終選考会の前日の朝刊にこの第一報は載った。その一週間前、科学部の医療問題担当の田辺功記者が「教授選考で現金のやり取りがあるらしい」と社会部に応援を求めたのがきっかけだった。選考会までの時間がない。田辺は山本と組み、三日前の一七日昼までには周辺取材を終えた。前夜遅くには、現金を渡した当人から、大学のあるスジからの助言を受けて、教授選考委の有力者である池園悦太郎教授に二月九日に教授室で、現金四百万円入りの菓子箱を渡した、という重要証言を得ていた。

日曜だった一七日夜、池園教授の自宅へ夜討ちをかけた二人は、釣りから帰ってきたところを路上で待ってつかまえ、自宅で現金授受の話を切り出すが、「一切ありません」としらを切り、ポーカーフェースで逃げる教授に、渡した側から入手した会話記録をぶつける。そこへ、廊下で聞いていた奥さんが、「あなた、ちょっと」と顔を出し、教授を連れ出した。「いいじゃないの、返したのだから」との会話が聞こえ、再び現れた教授は、問題の案件以外にもこちらからぶつける問いに一つひとつ事実を認めていった。

一九日付の朝日新聞の一面の記事は、概略次のように報じている。

池園教授は、三月に第一外科の教授が定年退官したあとの教授を選出する教授選考委員会九人の一員。選考委は約一〇〇人の学内外の候補者から最終的に三人に絞るのを任務としている。二〇日の教授会（三二人）でその三人を対象に投票で一人を選出する。このため候補者にとっては選考委の審査で残ることが最大の関門となる。

現金を渡した博士は「ここに四本、四百（万円）入っております、よろしく」と渡し、さらに四月一三日夜、本郷の料亭に招待、帰りに一〇〇万円を「車代」として渡した、という。池園教授は、最終選考に残るよう努力することを約束。しかし、三人に絞られた候補者の中には博士は入らなかった。教授は「教授室で現金を渡されたのは事実だが、しばらく後に三〇〇万円を返した」と言っている。博士の話では、大手証券会社から、心当たりのない三〇〇万円が自分の銀行口座に振り込まれていた、という。これとは別にも数件、教授選出にからみ、他の候補者から現金の授受があったが、「いずれもその後に返している」と池園教授は語っている。

池園教授は、同大の一期生で、同期生のトップを切って教授になった。東大出身の教授が大半だった同大で、医科歯科大出身の教授を作るのに活躍し、実力者といわれるようになった。外科系の教授選考委員会には必ず選ばれ、発言権も大きかった。

同日付の社会面では、「笑い顔崩れ『金もらった』　池園教授と一問一答　全面否定　資料が覆す『菓子箱あけて驚いた』」との見出しで、夜討ちの成果を伝えている。

笑い顔崩れ『金もらった』
東京医歯大の教授選出疑惑
池園教授と一問一答
全面否定…資料が覆す
「菓子箱あけて驚いた」

1983年7月19日付朝日新聞社会面

また、もう一人の現金受納者である横川正之教授の場合は、取材中に激昂、山本の顔面を右手で殴りつけた。唇が切れ血がたらたらと流れた。謝るどころか、後に山本が殴った、と難癖をつけ、詫びて取材を一切止めないと、暴行・脅迫容疑で告訴する準備がある、と一五人の弁護士連名で、告訴準備書が送られて来た。が、山本が怪我をして社に戻った時に、居合わせた田岡が「証拠を取っておいた方がいい」と、すぐに写真部へ連れて行き、傷をカラー写真で撮り、その足で社の近くの総合病院で

「加療一週間」の診断書を取っておいた。概してこういう場合、新聞社内では、裁判沙汰を好まない。山本はしかし、担当の橋弘道デスクと相談のうえ、写真と診断書を添えて暴行傷害罪で所轄署に即座に告訴し、告訴状を横川教授側に送りつけた。ちなみに橋デスクは、あの「田中角栄金脈」追及以来、知の巨人といわれる立花隆の実兄である。

同時に横井教授をめぐる金品のやりとりの経緯を改めて徹底取材、事細かに数回にわたって報道した。新しい事実が次々にわかり、その都度、教授のウソを明らかにした。結局、教授は逮捕、送検され、大学を辞めざるを得なくなった。

池園教授の場合はさらにひどい。七月三一日付朝日新聞は「池園邸に医療機器会社　社長は妻、子も取締役『職務』にからむ疑い」の見出しで、教授が同大の医療機器購入に大きな権限と影響力を持つだけに、その妻子がこういった会社を自宅で経営していることを問題視している。

会社の看板もなければ、販売事業の実態ははっきりせず、業界の名簿などにも登録されていない。池園教授は、機器納入業者数社と親しいことで知られるが、機器販売業界関係者によると、資本力の小さな小売業者のなかにはブローカーとして、メーカーと病院の間を情報を頼りに渡り歩き、バックマージンを取るだけのペーパーカンパニー業者も多い。大学病院、系列病院などに機器を購入してもらう際、大きな権限や情報力、影響力を持つ教授に口利きを頼み、バックマージンを支払うケースはよくある。この場合、教授個人に支払うほか、教室に「研究費」などの名目で出す、という。ある業者は「教授自身がそんな会社を身近に持っていれば、それをメーカーからのマージンの受け皿にすることは可能だ。教授のブローカー化といえるのでは」と指摘している。

一連の報道の中で、医学部、病院とそこに医薬品を納める業者との癒着も取材では徹底して追っている。三浦半島の有名なシーボニア・ヨットハーバーに係留してある大手医薬品メーカーの大型ヨットに、池園教授がシーズンには自由に乗れるのも大変な利権と影響力があるからだった。あれほどカネを使い、賄賂攻勢をかけ、法を犯してまでも国立大学医学部の教授のイスを得たい、という理由の一端は、この巨大な利権・影響力にある。

やがて警視庁が動く。「わいろと知り受領　池園　業者四人と共に逮捕」（九月六日付朝日新聞）

東京医科歯科大の教授選考に絡む疑惑事件を調べている警視庁捜査二課は、医学部教授・池園悦太郎と医療機器販売業者四人を贈収賄容疑で逮捕した。池園は、実態のない団体名や個人名を無断借用して約二〇ヵ所にものぼる銀行口座を開設。寄付金名目の金を自ら要求していた。同課は池園教授室など一二ヵ所を家宅捜索したが、この中には医療関係業者も含まれており、この業者との癒着を追及する。池園からの寄付要求に、業者の中には「大学へ寄付しよう」と答えたが、自分で開設した口座を指定し、調査や研究のための会合を開くこともなく着々と金を集めていた。学外での講演料などに業者からのわいろ金をもぐり込ませる工作をしていた。口座の管理は一人で行い、時折引き出しては旅行や買い物、飲食代にあてていた。

記事は概略以上のように報じている。

取材班では、社会部の鈴木規雄記者が池園の金脈を徹底的に洗い出し、一方、社会部の大前純一記者が、同大第一内科の教授秘書の給与の一部を大手医薬品メーカーが負担している、との援護射撃の特ダネを書いた。この秘書はメーカーの嘱託社員扱いで会社の仕事はしていなかった。これらが、教授と業者との癒着構図を浮き彫りにするのに役立った。他にも池園教授が裏口入学に係わっている疑惑があることも報じた。

新聞協会賞を獲得したこの調査報道で言いえることがいくつかある。まずは、科学部が情報を社会部に持ち込み、部際間協力が記者だけでなく橋、大熊由紀子（科学部）の両部デスクを含め円滑にいったこと、次に国立大学で起きていることで、国民の税金が使われている舞台での不祥事との問題意識が明確であったこと。さらに、政官財での癒着構造を暴いてきた手法が山本を中心に活かされたのは、田辺が医療の世界のエキスパートとして大学、病院の現場、人脈に精通していて責任分担がうまくいったことが大きかった。また、カネを追う一角を崩すと金脈の全貌につながるのは、政官財だけでなく白い巨塔内でも同じだ、との感想を筆者は持った。そして、殴られたら泣き寝入りなどせず、告訴することも告発報道のうえでは必要なことも明確にした。

新聞協会賞を申請

(1) リクルート事件　竹下政権崩壊

一九八八年六月一八日、川崎市助役へのリクルートコスモス未公開株譲渡の疑惑発覚。六・三〇渡辺美智雄自民党政調会長、加藤六月元農水相、加藤紘一元防衛庁長官、塚本三郎民社党委員長について、本人や家族、秘書名義によるリクルートコスモス株売買が報道される。七・六中曽根康弘前首相、安倍晋太郎自民党幹事長の各秘書名義と宮沢喜一蔵相の同株売買が報道される。江副浩正リクルート会長、森田康日本経済新聞社社長辞任。竹下登首相の元秘書名義の株売買が報道される。一〇・一一加藤孝元労働事務次官への同株譲渡が報道される。一〇・二〇東京地検が松原リクルートコスモス前社長室長を贈賄容疑で逮捕。一二・九宮沢蔵相辞任。一二・一四真藤NTT会長辞任。一二・三〇長谷川峻法相辞任。八九年一・二四原田憲経企庁長官辞任。塚本民社党委員長辞意。二・一三東京地検、江副リクルート前会長、元NTT取締役らを逮捕。三・六東京地検、真藤NTT前会長を逮捕。三・二八東京地検、高石前文部事務次官を逮捕。四・一一竹下首相がリクルート関連からの一億五千万円の資金提供の事実を衆院予算委で公表。四・二五竹下首相、リクルート事件をきっかけとする政治不信の責任を取って退陣表明。四・二六青木元秘書が自殺。五・二二東京地検、藤波、池田両代議士を就職協定をめぐる受託収賄罪で在宅起訴。五・二五中曽根前首相に対する証人喚問が衆院予算委でおこなわれる。リクルートから四千五百七五万円の献金明らかに。五・二八中曽根前首相、自民党を離党。

八八年六月一八日、川崎市の助役がリクルートコスモスの未公開株を譲渡されていた、と朝日新聞が報じて以来、事件は横浜支局の調査報道によって中央の政・官・財界に飛び火し、東京社会部が引き継ぎ、約一年にわたって追及が続き、竹下政権が崩壊する大事件に発展した。東京地検が動き、政治家二人を含む二〇人が起訴（略式を含む）された。未公開株の売却益、政治献金、パーティー券購入などで資金提供を受けた国会議員は、自民、社会、公明、民社の四党で四四人以上。政界に流れた資金はわかっただけで一三億三千万円。竹下元首相周辺の二億円余をトップに特に中曽根政権下の中枢に集中的に献金されていた。

一連の報道で、山本博氏は米国調査報道記者、編集者協会賞を受賞、東京社会部は日本ジャーナリスト会議賞、朝日新聞社賞を受賞した。

「スキャンダルを暴く――不屈の記者たちが解明した日本最大の事件　東京発　フレッド・ハイアット記者」（一九八九年二月二〇日付ワシントン・ポスト＝要旨）

リクルート―コスモス社からの収賄があったとされる川崎市助役の逮捕が見送られ、朝日新聞の横浜支局の若い記者たちは意気消沈した。逮捕なしではニュースにならない――それは日本の慎重なジャーナリズムの定石なのだ――同時に、二ヶ月に及ぶ取材がむだになるということだ。しかし、彼らの支局の指揮官である、物腰は柔らかいが目つきは鋭いベテランデスクは、あえて冒険を冒した。

「リクルートのやったことをこれで済ますわけにはいかない」山本博デスクは言った。「我々独自の取材でもう少し深く追求していきたい」。このようにして、事件は支局の黄ばんだスクラップ帳行きにはならず、それどころか、竹下政権を揺るがすほどのスキャンダルへと発展した。日本の「金権政治」の、かつてない激しい攻撃の的となり、山本氏――友人には「山ちゃん」、敵には「ピラニア」と呼ばれる男――こそ、その最大の功績者である。

昨年（一九八八年）五月一八日の運命的な会議以来二ヶ月間にわたり、彼は部下の若い記者たちの追跡調査を指揮し、東京隣接の急成長都市、川崎のとるに足らない不動産事件を日本の首都に君臨する政権の心臓部へと導いていった。

大多数は、県議の取材さえしたことのない若い記者であったが、彼らは我慢強く何度も屈辱的に取材拒否されながらも、政治家たちに食らいついていった。取材は完了し、彼と部下の若い記者たちは、日本の政治、特に自民党の腐敗を示すスキャンダルを暴露した。自民党は利己的な派閥に支配された政治家の寄り集まりであり、一九五五年以来、日本を統治してきた。

競争紙の編集者たちは、毎朝、朝日新聞を広げることを恐れ、山本氏たちは多くの点で、日本の日刊紙の名誉を回復した。

「日本社会は変わりつつあり、記者もそれにつれて変わってきている」と競争紙、読売新聞のベテラン、高浜政治部記者は言う。「彼らは、素晴らしい仕事を成し遂げたと思う」

彼らのリーダーであり、教師であり、大黒柱であり、そして批評家であった山本氏は、いまや日本のウッドリード、バーンスタインと呼ばれている。彼自身が分担執筆し、朝日新聞より急いで出版された事件の本の主人公でもあるからだ。だが、彼は映画化することには興味がないようで、最近のインタビューでも、そのような案を一笑に付した。

山本氏は、いままで調査報道というキャリアを積み重ねてきたわけだが、日本では、こうした経歴は珍しい部類に入る。そのうえ、彼は社内でもやや異色の存在だ。朝日新聞は、日本で最も有名な新聞だ、とよく言われる。知的エリートの新聞であると同時に、大衆にも広く普及している新聞なのだ。

その意味では、山本氏の場合、エリートコースを歩んできたわけではない。先日のインタビューでも、彼はウールのタイにオリーブ色のシャツ、地味なチェックの上着という身なりで現れた。濃紺のスーツに絹のタイといったイメージとは、かなりかけ離れていた。大抵の朝日の記者は一流大学を卒業し、厳しい試験に合格、地方の支局で鍛えられながら徐々に責任のあるポストに就いていくものだが、山本氏は地方紙の北海道新聞から引き抜かれ、中途採用されたのだった。

朝日では、彼は数々の賞を受賞し、友人以外からも尊敬される男である。時には相棒の田岡俊次記者とともに、建設業界の談合、日本鉄道建設公団のカラ出張、三越のニセ秘宝事件など、一連のスクープをものにしてきた。なぜ調査報道にそれほど固執するのか、という質問に、彼は即座に「好きだから」と答えた。そして少し間をおいて、他の記者と一緒に中央の官僚たちを追っていた日々を述懐した。

「ニュースの裏を見ていくうちに、企業と政治の隠された結び付き、その構造の汚い部分が分かるようになってきた」彼は言う。「そして、こう考えるようになった……つまり、読者にこの隠された汚い部分を知らせるのが、自分の努めであると」

そのうち、彼は横浜支局にデスクとして配属され、四月一八日、県警記者の鈴木啓一は、都市再開発事業にからむ収賄容疑で、川崎市助役を県警が内偵中だということを彼に伝えた。山本氏と鈴木記者、そして数人の同僚たちは、すぐに贈賄側がリクルートコスモスであることを突き止めた。情報・不動産分野で、年商四千二百億円の企業グループにのし上がったリクルート社の不動産部門の子会社である。

四月二二日、彼は支局員を集め、こう言った。「これまでの取材で得たものを使ってチャートをつくってみろ」。出されたものを見て一言。「使い物にならない」。そして若い記者たちを次から次へと質問攻めにした。職務権限は？　土地の転がり具合は？　贈賄の方法は？

「山本さんは、すべてにおいて厳しかった」。鈴木記者は語る。後に鈴木記者はこの事件の多くの記事を書くことになるのだが、当初は、記者たちは逮捕の日に備えて、単に警察の動きを追っているに過ぎなかった。日本の新聞は、普通、捜査中や逮捕されずに済んだ汚職事件に関しては、報道しないからだ。

朝日の木によると、五月一五日の夜、鈴木記者は、ほぼ泥酔状態で帰宅。次の朝、夫人からこううめいていたと聞かされた。「この二ヶ月は何だったんだ！」。山本氏が後に語ったところによると、警察が逮捕を見送ったのは、恐らく収賄罪の三年という時効が成立していたためである。

「しかし、明らかに白ではない。それも、灰色どころか、ほとんど黒といってもよかった」

面白いのは、贈賄がリクルートコスモスの未公開株の譲渡であるという点だった。公開時に一気に価格が高騰するという仕組みである。この事件は、いまの日本において、高騰する株と土地が成り金を生み出し、他の大多数のものは取り残されていくという時代の産物であるように思われる。それが明らかになれば、ごく普通の国民が共感するはずだ。インサイダー取引が自分たちに不利益をもたらしている、と薄々感じている者は少なくないからである。

「ここで諦めたら、すべては闇から闇へと葬られてしまう」彼は記者たちに言った。「だから、いままで以上に事実をチェックし、あらゆる文書を入手しろ。もう一度取材し直せ。そうすれば、朝日新聞の責任で報道することは可能だ」

六月一八日、事件が記事になる。一面トップではなかったが、他紙もこのスクープに追随し、六月二〇日、助役は解雇された。これが始まりだった。やがて情報源と称する多くの筋から、山本氏はさらなる大物がリクルートコスモスの未公開株を受け取っていることを知った。

舞台は東京へと移った。そこでなぜ、政治部の記者たちを取材班に加えなかったのか？「必要なかったからだ」と彼は言う。政治家の中には横浜支局の記者の取材を拒否する者もおり、記者の方も、取材するチャンスを逸することが度々あった。政治家の顔を知らなかったりしたためだ。

しかしながら、彼らは徐々に確証を掴んでいった。スキャンダルが報道され始めると、競争紙は、朝日は株譲渡先のリストの原本を持っていたので、少しずつ記事にして故意に出し惜しみしていると考えた。しかし、山本氏によれば、唯一のリストなどは存在せず、文書の中身を確認するのに何日も何週間もかかったという。

六月三〇日、他の大物政治家と並んで次期首相に有力視されていた、渡辺美智雄氏の息子も未公開株を受け取っていたことが報じられた。見返りとして、何らかの便宜がはかられないかぎり、この取引自体は違法ではない。だが、この記事は、カネで信用を得て急成長を遂げたリクルートの汚いやり口を如実に物語っていた。

同日夜、山本氏は取材班を集め、さらに、ドラマチックなミーティングを開いた。彼の手元にある文書には、竹下首相、安倍自民党幹事長、宮沢蔵相など政府首脳の秘書たちがリクルートコスモス株を受け取っていたことが明記されていたのだった。

七月六日、朝日の一面トップ記事は、安倍氏、宮沢氏と並び、中曽根氏にも株が譲渡されていたことを報じた。一二月には宮沢氏が名義は自分であることを認め、蔵相辞任へと追い込まれることになる。

翌七月七日、竹下首相の秘書にも株が渡っていたことが記事になり、次いで、江副リクルート会長の辞任と、同じく株を譲渡されていた日本経済新聞社社長の辞任が報道された。

「江副の辞任はショックだった」、約一年前、最初に川崎の事件を手掛けた鈴木記者はこう語っている。「その時初めて、この事件の意味と重大さに気がついた」

朝日新聞　1988年(昭和63年)7月6日　水曜日

政界首脳の秘書名登場

リクルート関連非公開株の譲渡

中曽根・安倍・宮沢三氏

公開の直後に売却

中曽根氏は首相在任時　代金1億4000万円

中曽根氏の上和田秘書「買った」　宮沢氏の服部秘書「記憶ない」

新算定方式、焦点に

米価下げ幅3～5%の攻防

1988年7月6日付朝日新聞朝刊1面

この記事を最後に山本氏たちは、事件を経験豊富な本社社会部の手に委ね、また支局へと戻っていった。

「取材を始めたときから、すでに締め切りは七月二一日と決まっていた」と山本氏は言う。「どんなに大きな特ダネを追っていようと、いずれは、それを諦めて、高校野球の取材に戻らなければならないことは分かっていたから――」

一九八九年六月、ＩＲＥ（アメリカの記者の自主組織、調査報道記者・編集者協会）は山本と同僚記者たちに協会賞を授賞、ニューヨークタイムスが一面トップでこれを報じた。さすがに調査報道の本家ではある。また、日本ジャーナリスト会議賞、朝日新聞社賞も受けた。筆者が思うには、新聞協会賞を受けられなかったのは、横浜支局から受け継いだ社会部が申請者だったからではないか、と思うが、山本らがきっかけを作った支局の活動はこの前年だった。

警察が事件にすることをあきらめる前からこの動きをずっと追っていた支局員が、あきらめた事実をデスクに報告したことは、まず重要である。そのあきらめた事案を、日本の政権、中央政界が足元から崩れる事態にまで追い込んだのは、単なる警察事案とせず、調査報道の基本である、どこに問題の焦点があるか、を山本が見抜いたこと、そして、支局員を教育しながら、問題の核心に迫るための基礎データを徹底して収集し、事件の形を明確にして的を絞り込み追及したことである。

こうして、東京地検特捜部も本格的に乗り出して来るのである。

(2)　三越ニセ秘宝事件　岡田社長解任

「秘宝大半ニセ　三越のペルシャ展　学者ら一致し断定　総額二一億円　一部は売却ずみ　日本は模造ゴミ捨て場」（八二年八月二九日付朝日新聞）。八点は売却寸前だった　三越「秘宝展」　半年で値段四五倍　ノレンで「強引商法」（九月一九日付、同）。〝秘宝〟六点私が作った　横浜の元彫

金工　古美術商に模造頼まれ　展示中に二回抗議　三越も知っていた（九月二二日付、同）。三越岡田社長を解任　不祥事続きで決断　取締役会一六―〇「経営刷新に全力」役員会見（九月二二日、同）。仕入れは一億二千万円　三越〝秘宝〟主催者渡辺氏、全容を語る　一七倍もの販売価格　一点除きサカイ兄弟から入手　資金、三越も協力　岡田社長指示（一〇月三日付、同）。

日本橋三越で「古代ペルシャ秘宝展」が開催されたが、出品・即売されている四七点の大半がニセ物である、と朝日がスクープ。三越と主催者の美術商が「企業秘密」「本物である」とするなか、独自取材で製造工房を突き止め、作った元彫金工の証言を報ずるなどしてニセもののルートを解明した。一連の報道のさなか、岡田社長はそれまでの独裁的な乱脈経営もあって、取締役会で解任された（後に刑事事件で竹久みちとともに逮捕、起訴される）。主催者の美術商も事実を認めた。

社会部は新聞協会賞を申請、取材班は東京編集局長賞を受けた。

調査報道によって老舗日本橋三越の無謀ともいえる「ニセ美術品即売展」を暴露したきっかけは、社会部デスクの五十嵐智友が「ニセのうわさがある」との情報をキャッチしたことだ。五十嵐はヨーロッパの特派員もやり、後に学芸部長も務めるだけに文化に強い。社会部の中では文化に強い斎藤鑑三に取材を命じ、田村正人、平山宏ら、そして山本も加わった。

取材で、「古代オリエント博物館」（東京・池袋）の研究員田辺勝美氏が、送られてきた展覧会カタログを見て、愕然とし「四七点中三〇数点はいけないものだ。これはイランの贋作商が持ち込んでいる『ニセ物』と大同小異のものだ。こうした作品を展示即売する実行委員会の猛省をうながしたい」

と三越側に抗議の手紙を出したことをつかんだ。

筆者は朝日新聞を退社後、平山郁夫画伯が取り組んだ「文化財赤十字」活動を進める財団に籍を置いていたので田辺氏とも面識があるが、平山画伯が世界のシルクロード研究者の優れた論文に賞を出し論文集を毎年英文で刊行する、その選定責任者を任されていたほどのエキスパートであった。

田辺氏がニセ物と決め付けたので、学者、研究者の間で問題になり、シルクロード考古学の権威、江上波夫・東大名誉教授をはじめ東京国立博物館の購入評価委員の山西康太郎氏ら錚々たる専門家が展覧会場に足を運び、手に取ったりして鑑定した結果、「全品が贋作」「数点を除き贋作」、しかも立ちの悪いニヤ物とわかった。カタログだけで「あり得ない」とわかる展覧会が三越を舞台に開かれたこと自体、三越が完全に悪質業者になめられていたわけで、この一事を見るだけで、どれほど岡田体制が腐っていたかがよくわかる。

朝日としては独自取材で「ニセ物」と書いたのだから、調査報道で立証しなければならない。斎藤が海外ルートを担当、国内で造られたといわれるスジを山本を中心とした班が追った。三越は即刻、朝日新聞への広告を全面ストップするという対抗手段を取った。

国内班は、主催者の美術商と岡田社長を追ったが、相手が逃げてうまくいかず、作戦を切り替えて複数の三越美術部員を連日狙った。こうして複数から、どのように渡辺社長が〝ペルシャ秘宝〟と称する品物を売り込んで来たか、美術部員はうさん臭いと思う者が多かったこと、すでに売約済みで手付金も払っているのが数点あること、など貴重な証言、協力を得ることが出来た。海外の斎藤は、アメリカの学者、鑑定士に次々会い、カタログを見せてインタビューし、ニセ物との結果を得ていた。さらにニューヨークを舞台にして、日本にニセ物を送りつけているイラン人のサカイ兄弟をつきとめ、イギリスに飛んでサカイ兄弟に品物を回していた、これもイラン人グループ美術商のインタビューにも成功した。いわば美術商マフィアの存在を暴き、世界のニセ物美術品がカネ持ち日本に漂着して来る図式を明らかにした。

やがて夜討ちを重ねるうちに、三越の役員たちが胸襟を開くようになり、取材陣に全面協力してくれるようになった。重役陣からは報道内容について何一つ文句は出なかった。「三越の長い歴史の中でこんな失態は初めてだ」という声も出た。それどころか「このままではまずいので、岡田社長に辞めてもらおう、と思っている」とのクーデター計画まで耳にした。その後、これは実行されて取締役会での解任劇で、現実のものとなった。「なぜだ!」の岡田のひとことは有名になる。

取材を重ねてオリエント古美術商の人たちと会ううち、三越展に出品されている〝舌出しライオン〟〝グルフィンのリュトン〟〝鹿の彫り物〟などと全く同じ物を持っていることがわかった。お願いしてそれらを借り、東京国立博物館の杉山二郎氏の自宅で鑑定してもらった。「三越に展示されていた物と全く同じです。鋳型で量産したのでしょう。ニセ物としてもひどい作品」との断言を得た。

取材で知ったことは、古美術商の世界では、ニセ物というのはいわば当たり前であって、いかにそのニセ物の洪水の中から本物を見分けるか、その本物を上得意の客に勧めて買ってもらうか、が商売の腕だ、ということだった。

ついに内藤修平記者らが、横浜市内でニセ秘宝を製造していた元彫金工に製作を発注した千葉県内の古美術商を突き止めインタビューすることに成功、彫金工も認めたため、決定的な証言を特ダネで報じた。

この古美術商の話では、池袋の骨とう・古美術店の店主から「顧客への贈り物にしたいから」と頼まれたのがきっかけで、六種類、二五点を製作した。三越の秘宝展ではこの中の六点が展示、即売された。制作費は一点五五万円のものを最高に合わせて約一五〇万円。それが三越での売値は六点の総計が約四億七千五百万円だった。製作者は自分らの作品が秘宝展に出展されていることに驚き二度、三越側に抗議の電話をしたが、「近く善処する」と答えただけで、何らの手も打たなかった。が、もはや三越は言い逃れが出来ない状況に追い込まれた。

この記事が朝刊に載った日は、三越の取締役会の当日だった。もしもの時のために念のため山本が五十嵐デスクに渡してあった「岡田社長解任」の予定稿が役立ち、早番から解任のニュースを入れることが出来た。

取材班としてはしかし、最後の詰めとして展覧会主催者の渡辺社長に話を聞かなければならない。山本は渡辺社長の自宅へ「世間の疑問に答えるべきだ」との手紙を出した。間もなく渡辺氏の弁護士から電話があり、面会がかなった。山本と斎藤が会い、元板金工が作ったニセ物のグルフィンのリュトン杯を渡した。最初は否定していたが、手にとって組み立てるうちに黙って下を向き、三時間にわたって経緯を語った。一〇月三日付朝日新聞によると、その概略は次の通りだ。

展覧会のきっかけは、サカイ兄弟と知り合ったこと。「イランから出土した秘宝がある」と持ちかけられ、八一年一二月から八二年七月までにサカイ兄弟から四六点のペルシャ〝秘宝〟を仕入れた。ほかに一点をロンドンのイラン人美術商から購入。サカイ兄弟の分の多くは、日本国内で引き渡され、「本物の証明」として米国鑑定機関が出したという鑑定書を手渡された。

その後、日本の美術史家の鑑定も得て、本物と信じた。四七点の仕入れ価格総額は一億二千四百九九万円。三越の価格総額は二一億五千六〇万円で、仕入れの一七倍にものぼるが、「実際の売買では値引きするし三越に三〇％のマージンをとられることから、掘り出し物だったこともあり、法外な値をつけたとは思わない」と言っている。（他の三越での展覧会の仕入れもあり）資金手当として今回初めて岡田社長の指示で三越側から一億五千万円の「前渡し金」が支払われた。

ニセ物と指摘されたあと、サカイ兄弟に三〇回以上国際電話をかけたが、連絡がついたのは初めの四回だけ。その後は一切電話が通じなくなった。取引総額は三億円で、うち一億八千万円は支払い済みで、残金は拒否を考えている、としている。また、国内で作られた六点など一五点は警視庁へ任意提出していることも明らかにした。

以上が老舗三越が大揺れに揺れ、大恥をかき、岡田社長解任で経営の健全化に踏み出すきっかけになった「ニセ秘宝展」のてん末だが、社会部が申請した新聞協会賞は外れた。もちろん編集局長賞は出た。

「三越ニセ秘宝展」で朝日がスクープを連打していたころ、世の中全般は、三越の岡田社長の経営姿勢とあわせて、岡田個人の竹久みち問題で騒々しかった。老舗三越の暖簾にキズがつくような不適切な事案が特に週刊誌、写真週刊誌を中心に次々に報じられ、三越の経営をも脅かす事態になっていた側面もあった。しかし取材班は、竹久問題はしょせん男女問題であるとして「戦線不拡大」の方針をとった。そんなことに人と時間をかけるより、展覧会の出品物がニセ物と報じた以上、それをあくまでも追及して、実証するのが本筋であり、責任でもある。ニセ物を証明すること一本に絞って苦労を重ね、ついに、まさかそれが三越の美術展で本物として売られようなどとは思いもせず、依頼された〝高級贈答品〟として作った板金工に行き着いた。また、〝国際贋作マフィア〟も暴いた。取材力の勝利である。それに、夜討ちを続ける中で三越の役員たちの信頼を得て、「岡田解任〝クーデター〟計画」の情報まで取って、取締役会が開かれた日には、「解任」の予定稿まで用意されていたことでも他紙を圧した。

（3）ヤンバルクイナ世紀の発見　取材方法の類似性

この取材は「調査報道」ではない。しかし、当局や当事者の発表ものを書くのではなく、新聞記者が単独でスクープをものにする経緯、という点で、取材相手の信頼を得て味方にし、情報を正確に、正確に、そして正確にして記事を書く、それが世紀の特ダネになった点で、調査報道の取材手法に参考になるとの考えからとくに取上げた。

沖縄で国内では一〇〇年ぶりとなる新種の鳥が見つかった。きっかけは、山岳地帯の原生林に新たに出来た林道で、この鳥の一羽が交通事故に遭って死んだことだった。

六月のある日、現場を通った地元の猟師が、くちばしの赤い鳥の死体を見つけ、知り合いの高校教師のところへ持ち込んだ。猟師や炭焼きの仲間では「ヤマドイ」（ヤマのニワトリ）とよばれ、飛んでいるのは見たことが無く、チラッと姿は見ても逃げ足が速く捕まえることが出来なかった鳥で、この先生が以前から追っていたことを知っていたからだ。

受け取った友利哲夫先生は早速はく製にするとともに、やはり何年間もこの鳥の写真撮影だけでも、と追っていた旧知の山階鳥類研究所（東京都渋谷区）の真野徹研究員に一報した。真野研究員は現地へ急行、一週間以上現場近くの本島北部の与那覇岳の原生林にキャンプし、ハブの脅威の中でオリを仕掛け、ついにオスの成鳥と幼鳥の二羽の捕獲に成功した。

くちばしと脚が鮮紅色で成鳥の体長は三〇センチ。飛ぼうとはせず、学校の講堂で放すとものすごい速さで走り回った。研究員らは観察記録を取った後、標識をつけて森へ返した。

研究所では、二万年前の地層から見つかっている化石の子孫らしいこと、西イリアンに生息しているクイナに似ていることまではわかったが、詳しく調べようと山階芳麿理事長が、ワシントンのスミソニアン研究所総長でクイナ研究の第一人者ディロ・リュプレー博士にデータを送った。一〇月になって返事が届き、新種のクイナであることが判明した。

研究所では学名「ラルス・オキナワエ」和名「ヤンバルクイナ」と命名し、近く刊行される研究所報で発表する。日本で鳥の新種が見つかったのは一八八七年（明治二〇年）にイギリス人がノグチゲラを発見して以来のこと。

樋口広芳東大農学部助手は、鳥にとっても飛ぶのは重労働で、採食のために飛ぶ必要がない、地上に天敵がいない、一年中暖かいなどの条件がそろって飛ばなくなったといい、この種のクイナの北限と見ている。

環境庁は特殊鳥類の指定や特別保護地区の設定を急ぐ、としているが、かつては島にいなかった天敵のネコがいるし、ハブ退治のためのマングースも導入されて危険が迫っている。（一九八一年一一月一四日付朝日新聞朝刊の要旨）

遊軍だった内山幸男記者が未発見のこの鳥の話を聞いたのは、新聞の記事になる三か月以上も前だった。

社会部の席にいても手持無沙汰。真夏だったが、ぶらりと以前からの取材先の渋谷・南平台の山階鳥類研に足を向けた。雑談のうちに相手の一人が言った。

「うちの部屋でちょっと珍しい鳥を南の方で見つけてね」

「えっ?!」あとは矢継ぎ早の質問を浴びせたが、口をすべらせた形になった相手は急に口ごもった。発見者が標識研究室の真野徹研究員とまではわかった。この人はマスコミ嫌いで知られ、案の定何を聞いても生返事ばかり。

社に取って返し、情報が他にもれないように気遣いつつ研究所の関係者を始め周辺取材を進め、発見地が沖縄本島北部らしいことなどほぼ概要はつかめた。はく製を作ったという地元の高校の友利先生にも直接電話で取材した。その日のうちにほぼ記事に出来る段階までの概要データはそろった。書く気になれば記事は出来た。が、内容は「新種の可能性も」にとどまり、写真もない。結局、出稿はしなかった。

書かなかった最大の理由は、内山記者が元科学部の記者で、研究者にとって最も大事なのは、学術誌上に論文として載ることの優先性にあることを熟知していたからだ。もし新聞記事が先行すると優先性が失われて、学問の世界では正式に新事実が認定されなくなる。研究者への信義を記者として重んずることにした。

二番目の理由は、研究員が撮影したことが確実な、カラー写真の入手であった。さらには、新種とわかれば一世紀ぶりの生きた鳥の発見で、しかも日本人による初の発見になる。それを確認したかった。新聞記者に知られたことで、研究所内では厳しいかん口令が敷かれた。一方、記事を書かなかったことが、山階理事長以下の研究所の皆からの信頼につながった。理事長とだけは話が出来るまでになった。が、それも高級マンションの理事長邸のインタフォン越しでしか話せなかった。が、一〇月初めにスミソニアンから返事が届き、「新種である」との内容だった時、喜んだ理事長が初めてお宅に入れてくれた。リュプレー博士からの英文の手紙を読むことが出来た。

ここに来て初めて、記事の解禁は論文の完成後、その時に合わせてカラー写真の提供もする、との約束が成立した。論文は一〇月四日に完成、新種の鳥の学名、和名も決まり、論文の生原稿すべても読ませてもらった。結局、一〇月一〇日に論文原稿の印刷所へ入稿が完了、二枚のカラー写真を入手することが出来た。一枚は金網のカゴに入った親鳥の全身写真。くちばしと脚が鮮やかな紅色。もう一枚は人の指をかむ幼鳥の上半身だった。結果的にはこの幼鳥の方がモノクロで東京の紙面に載った。紙面に載った写真がモノクロだったことが、日本の新聞界で歴史的な一枚になったはずのカラー写真の大特ダネを逃すことになってしまった。

　有楽町から築地へ東京本社が移ってから、「ニュースカラー」が出来るようになる、との話が記者たちにも伝わっていた。新聞各紙が写真のカラー化を時代の流れとして競争の戦略的な課題として重視していた。内山記者は社会部の五十嵐智友デスクに特ダネのニュースを報告するとともに、ニュース写真としては日本初となるカラーでいこう、と相談、その方針が決まった。事件などの発生ものではないが、超一級ニュースのカラー写真としては色も鮮やかだし打ってつけの素材である。

　ところが、「築地ではニュースカラーOK」の話は出稿部側が思い描いているほどことは簡単ではないことがわかった。編集局報の「えんぴつ」に書かれた内山記者の文を借りれば、「まずカラー写真を四本社に載せるには、通常二四時間以上の準備時間がかかるという。そのうえ、カラー広告との調整、夕刊の場合は一二ページ建てか、二〇ページ建てか、で印刷部数が大違いなので、印刷部数を多くするには一二ページの日を選ぶ必要がある」さらにこの時にはすでに「女子マラソンのカラー印刷が決定済みだった。その間を縫ってニュースカラーをいれるには、事実上一週間近く前からの〝予約〟が必要だった」しかも、かなり写りの良いいわばシャープな写真でなければ「ノー」の雰囲気だった。この時期の印刷技術上の色合わせの難しさや、さらには印刷局輪転機職場の機付け人員の数という組合問題にもからむことでもあった。

　が、ニュースの特ダネと合わせて日本初となるカラーニュース写真の特ダネにこだわった。一〇日に研究所から入手した親鳥の全身の写真はカゴに入れられているため、前面に金網があり、背景は青紫色の風呂敷で、くちばしと脚が鮮紅色の鳥の姿がばっちりという出来ではなかった。写真部デスクはもちろん、五十嵐デスクも「もっといいのは無いのか」と注文をつけた。一六日になれば、現地へ観察出張に行っている研究員が戻って来る。「ここまで待ったんだ。それを待とう」ということになった。カラーニュース写真の〝予約〟はまだ出来ない。朝日主催の東京国際女子マラソンのイベントカラー写真が日時も決まっていての最優先場所取りをしており、急に突っ込める状況にはなかった。

それに、社会部では、後に新聞協会賞に輝く「談合キャンペーン」がスタートしていた。キャンペーンのキャップ格の山本博記者から内山記者に取材手配が矢継ぎ早に来ていた。「新種の鳥の話もあるので」というと「なにぃー、鳥なんかこの際どうでもいい」とニべもない。

事態は急展開を見せた。一三日午後三時半ごろ、研究所から内山記者に電話がかかった。「きょうNHKと読売が取材に来た。いっさいしゃべっていないけど連絡します」と。続いてNHKからも電話。「山階理事長に朝日を出し抜くのはダメだと言われ、約束させられている。しかし読売が動いている。うちとしては明日の朝から流したいので朝日は朝刊でどうか」。シラを切ろうとしたが、支局時代に地方でいっしょだった相手ではそうもいかなくなった。大阪出張中の五十嵐デスクをつかまえた。研究所からの電話でハラを決めていたが、デスクの指示でその日組みの朝刊の早版、一一版から出稿と決まった。

原稿は一面用の本記、社会面用のサイド記事のほか当日の関連談話以外はすべて予定稿として出来上がっており、整理部デスクに「予定稿解除」と告げるだけだった。が、この段階で写真をカラー化するなどは吹っ飛んでしまい、研究所から提供された二枚のカラー写真をモノクロ焼きにして出稿した。こうして日本の新聞界初のニュースのカラー写真を、との目論見はあえなく消えてしまった。

その後、新聞各社の写真は、企画物はもちろん、ニュースも徐々にカラー時代に入り、今となっては、この写真が新聞ニュースカラー写真の第一号、との記憶にも記録にも残っているものはない。

この特ダネ記事の当日紙面での扱いだが、東京朝日は最終版一四版まで一面のトップでなく中トップの扱いだった。トップの記事は、アルジェリアとの三角貿易がどうこうとの話。一一版の大刷り（ゲラ）の段階から社会部の当番デスクは、なぜ特ダネのヤンバルクイナを頭にしないのか、ただの書類上の話と入れ替えろと再三にわたって整理部のデスクに掛け合ったが、よほど硬いもの好きのデスクだったとみえて最後まで変わらなかった。編集局長室に問題提起をしたかどうかは社会部に来てまだ一年だった内山記者にはわからない。東京を除く西の三社ではどこも一面のトップで、大阪では成鳥の全身写真を使っていた。

ＮＨＫが朝のニュースで流したのは当然だが、読売の記事は「オキナワクイナ」となっていたのを始め、後で研究所から聞いた話では九か所に誤りがあるやっつけ記事だった。他紙はそろって、山階研究所が一四日に正式記者会見を開いたので、夕刊で大きく追いかけ記事を出した。

ヤンバルクイナのカラー写真は時を置かずに毎日と週刊朝日が紙誌面で扱い鮮紅色のくちばしと脚は陽の目を見た。週刊の写真は金網越しの成鳥で、載ってみれば新聞でもこれで十分だったのではないかと思えた。

社会部はこの年の新聞協会賞に二案件の申請をした。「談合キャンペーン」と「ヤンバルクイナ発見」である。しかし、ヤンバルクイナの方は、紙面での扱いが一面トップではない、専門家たちが大発見だと騒いでいるのに、朝日自身がその価値をわかった扱いをしていない、さらにカラー写真では後日の毎日の方が先行している、との理由で選考から漏れた。当初からの狙い通り写真もカラー特ダネで、東京の紙面の扱いが一面トップだったら、東京社会部は二件の協会賞を獲っていたはずである。内山記者は編集局長賞を受賞した。

内山記者白身が現地へ行ってヤンバルクイナを目撃したのは一〇年後のことだ。地元の事情通に案内してもらって夜の原生林に入ったが、ハブもいるだろうし怖かった。暗闇から一瞬だったが走り出てきた。記事にする前に現地入りはしなかった。東京から新聞記者が来た、「ヤマドイのことらしい」とうわさになり、情報が拡散することを恐れたからだ。西部本社にも地元の支局にも伝えなかった。後に種子島へロケット打ち上げの取材に行った時、さんざん嫌みを言われたが、だから伝えなくて正解だったと思ったものだ。

一番面白いと思ったのは、やはり「飛ばない鳥」ということだ。かつては飛んで島に渡って来たのに飛ばなくなった。天敵がいなければ飛ばなくてすむ。鳥も飛ぶのは嫌いなのだ、やはり飛ぶということは大変なのだ、と知った。

記事には書いていないが、現場はアメリカ軍基地の演習場で、演習林の林道以外は立ち入り禁止区域だ。それが、発見が遅れた理由でもあり、守られた理由でもある。奇種を絶滅させるのは、自然を壊す人間が一番だが、米軍という権力でガバッと開発をさせない地域を作ったから、皮肉にも生息地が守られた。以前は他のところにもいたはずだ。

フィルピンで米軍基地が撤収した後、そこで保護された形になっていた何種類もの動植物が、開発が始まるとすぐに絶滅の危機にさらされることになった。

同じことは朝鮮半島の三八度線の休戦地帯がいま渡り鳥の楽園になっていて、やはり軍事的な支配下のところで自然が守られている。南北統一の時にはすぐに開発するのでなく自然遺産にして残してほしい。

裁判になった調査報道

中曽根元首相に訴えられ勝訴

一九九〇年の元日付朝日新聞の朝刊一面トップに「中曽根元首相側近名義で株取引　一億二千万円の差益　六二年当時『コーリン』一〇万株譲った一ヵ月後　高値で買い戻す」との調査報道による特ダネが載った。

きっかけは、中曽根にからんでリクルートそっくりの別の株疑惑がある、と山本記者が聞き込んだことだ。八九年秋には、リクルート問題で国会喚問され、自民党を離党していた。八七年(昭和六二年)当時は現職の首相である。親しいとされる仕手集団のコーリン産業小谷光浩代表が、中曽根氏の政治団体の金庫番、会計係の女性秘書との間で、一部上場の国際興業株を相対取引し、八月二二日付で一株五一〇〇円で一〇万株、五億一千万円で売り、一ヵ月後に一株六三〇〇円、計六億三千万円で買い戻し、女性秘書側に一ヶ月で一億二千万円の利益が転がり込んだ、という事実である。

山本は決定的証拠の相対取引書を入手、概要を掴んだが、社会部デスクだったため、天野和明、粕

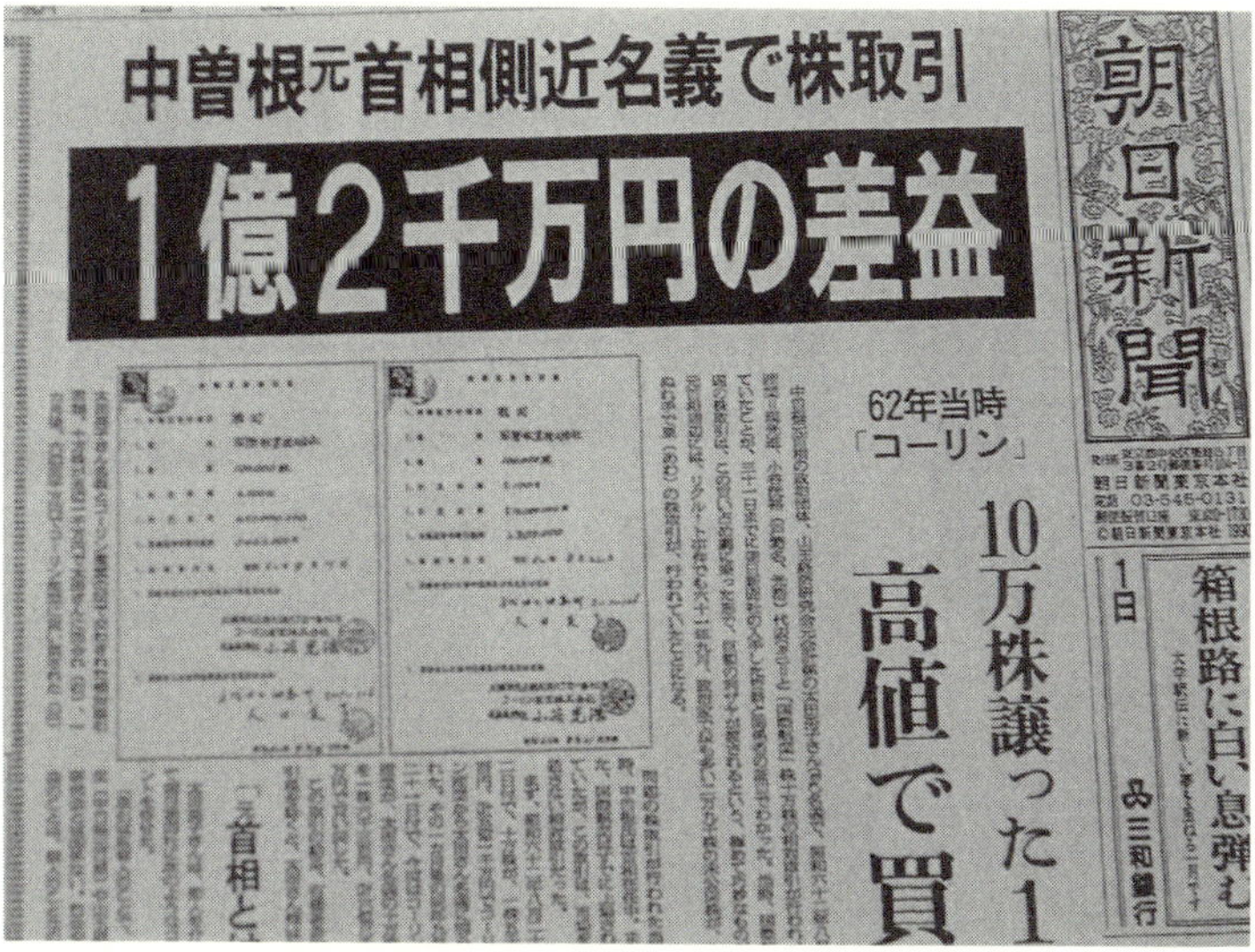
朝日新聞

中曽根元首相側近名義で株取引

1億2千万円の差益

62年当時「コーリン」

10万株譲った1

高値で買

1日

箱根路に白い息弾む

三和銀行

1990年1月1日付朝日新聞朝刊1面

谷卓志、山口栄二郎の三記者の取材班を作り、裏固めに入った。しかし、調査報道には欠かせない本人インタビューに誰も応じなかった。そこでまず、女性秘書の公私複数の筆跡鑑定を複数の鑑定士に依頼、同一人物であることを確認、ついに本人からの手紙による接触、小谷氏と会うことも出来た。「取引は中曽根首相とは関係ない」との主張に対して、女性秘書の株買い入れと売りの書面は、同じ日に同じ場所で書かれた疑いがあり、買いの五億一千万円は実際には動いておらず、巨額の一億二千万円の利益は、つまりはヤミ献金ではないか、と報じたのである。

この記事に対し、中曽根氏本人が民事訴訟を起こすが、裁判で朝日側が全面勝訴、控訴前に和解で決着した。

この案件については喜田村洋一著「報道被

害者と報道の自由」（白水社刊）の「公人への報道と名誉毀損　日本人の公人が起こした訴訟」の項で、調査報道と裁判について詳細な分析がなされているので、山本記者を通じて、著者の了解を得て、その部分を引用する。

元旦の新聞の紙面作りには各社とも趣向を凝らす。とくに一面のトップを飾る記事は、他社の追随を許さないような特ダネで読者をアッと言わせようと、年末の早い時期から何本ものネタで取材をする。そして実際に選ばれるのは、その中の、読者の強い関心をひき、しかも取材が十分になされた自信作になる。元旦の記事がその年の新聞協会賞の候補となったり、選ばれたりするのも不思議ではない。

一九九〇年一月一日の朝日新聞一面のトップ記事は、そのような読者の期待に十二分に応えるものだった。そこには、横に大きく「中曾根元首相側近名義で株取引　一億二千万円の差益」との見出しがつけられ、縦見出しでは、「六二年当時『コーリン』一〇万株譲った一ヵ月後　高値で買い戻す」とされていた。それだけでなく、一面の見出しの下には「有価証券取引書」二通が大写しにされ、そこには株取引の当事者の名前と印鑑がはっきりと見えていた。

記事を読むと、中曾根元首相の政治団体である山王経済研究会の元会計係であった太田英子さんが、株の買い占め集団として知られるコーリン産業の代表である小谷光浩代表との間で、一九八七年八月二二日と九月二一日の二回にわたって、国際航業の株式一万株を売買しているとされていた。国際航業は東京株式市場の第一部に上場されている株式であり、このような個人間での相対《あいたい》の取引はきわめて珍しい。しかし、それにもまして目をひくのは、八月の取引では太田さんが小谷代表から国際航業の株式一〇万株を一株当たり五千百円で購入しておきながら、そのわずか一か月後には、小谷代表が太田さんから同じ株式一〇万株を、今度は一株当たり六千三百円で買い戻していることだった。つまり、太田さんは、一か月足らずの間に、五億一千万円で買った株式を六億三千万円で売り払い、これによって一億二千万円の利益をあげていたのである。

この五千百円と六千三百円という価格は、それぞれの時期の株価と連動していたのであり、この価格の設定自体については不審な点はないとも言える。しかし、この当時、国際航業の株式はコーリン産業の買い占めによって株価が暴騰していたのであり、コーリン産業の代表者にとっては、国際航業の株価が今後どのように推移していくかについては容易に予測しえたはずである。つまり、八月二二日に五千百円であった株価が一か月後にはいくらになっているかまでは正確に分からないとしても、五千百円をはるかに上回る価格になっているだろうことはほぼ確実に分かっていたはずである。

株の買い占めや株価操縦にたいする規制が今ほど厳しくなかったこの当時では、対象となった株価をどの程度に上昇させるかについても、買い占めをしている者はある程度、自由に決定することができたのである。

そうすると、コーリン産業の小谷代表は、株価が高騰していくことが分かっていた国際航業の株式を、同一人に売却し、買い戻すことによって、相手方に多額の利益が生じ、自らが多額の損失を蒙ることを十分に認識しながら、このような取引を行ったことになる。このような売買は通常の経済的取引とは考えにくい。なぜ、このように損をすることが分かっているような取引をしたのだろうか。

このような疑問について、小谷氏は朝日新聞のインタビューに答えて、「太田さんは大変に信心深い方で、函館の方で、教会……のようなものを造るということで、そういうことを実現するために『できたらもうけたい』みたいな気持ちがあったのではないか」と答えている。しかし、調べによると太田さんが函館近くに土地を買ったのは株取引より二年以上も前であり、価格は五百万円だったという。その後、この土地上には壁のないお堂と平屋建ての家屋一棟が建てられ、堂内には五、六体の仏像が納められたが、この土地や建物に一億円以上もの費用が必要だったとは考えにくい。

一方、小谷代表は、この株取引より二、三年前から、中曾根元総理の政治団体である山王経済研究会とも関係があり、五、六社の関係会社から一社あたり百万円の政治献金を続けていたという。そして、太田さんは、この山王経済研究会の職員であり、中曾根元首相の金庫番とも言われていた。

また、このような相対取引をするためには、最初に株式を購入するための原資として五億円以上の金が必要となるが、太田さんがこのような巨額の資金をどのようにして準備したのかははっきりしなかった。

所得税法の規定によると、年間一千万円以上の税金を納めた人は、毎年税務署から氏名や税金の額などが公示されることになっている。しかし、太田さんは少なくとも株取引前の五年間は高額所得者として公示されたことはなかった。仮に太田さんの所得が団体職員としての給与所得だけであったとすると、税額が一千万円になるためには所得の額は三千三百万円前後となり、高額所得者としての公示がなかったということは、太田さんの所得はこれ以下という推定が成り立つ。そうすると、五億円以上という株購入資金をどこから調達することができたのだろうかという疑問は解消されないままである。

この株取引をめぐるこのような種々の状況を踏まえて、この記事では、「秘書名義による譲渡が横行したリクルート事件をほうふつとさせる」としたうえで、「巧妙な政治献金ではなかったのか、との疑いは消えない」と結んでいた。

この記事にたいして、中曾根元首相は謝罪広告の掲載を求めて提訴した。元首相の主張によれば、この記事は、

（一）中曾根元首相がコーリン産業から「濡れ手に粟」の巧妙な政治献金を得ていたという印象を読者に与える。

（二）本件取引の差益一億二千万円は、太田名義の株取引の形式を採ったコーリン産業の中曾根元首相にたいする実質的な闇政治献金であり、しかも取引当事者の名前が表面化しにくい相対取引の形で「差益」をまるまる手に入れる巧妙なやり方をしたものであり、政治資金規制法で定められた寄付の量的制限を免れるための偽装であるという印象を読者に与える。

というのである。

そして、これらの点はいずれも事実に反し、清廉性を求められている政治家としての中曾根元首相の倫理性を不当に非難するものであって、その名誉を著しく毀損するとした。そのうえで、本件記事は元旦からの新聞の冒頭を飾るのにふさわしい性質の記事ではなく、予定されていた総選挙に立候

補を決意していた中曾根元首相にたいする選挙妨害の意図が明らかであるとも主張したのである。

これにたいし、朝日新聞は全面的に争った。とくに、この記事が読者にどのように理解されるかについて、朝日新聞は、記事の主要な事実は太田さんと小谷代表との間で国際航業の株式一〇万株の相対取引がなされ、この結果太田さんに約一億二千万円の利益がもたらされたことであり、「本件取引は太田が中曾根元首相の政治団体の会計係であり、元首相と密接な関係にある人物であるからこそ行われたものではないか」と疑問を呈しているが、これは一億円以上もの利益が元首相に帰属したことを事実として指摘したのではなく、取材における多くの事実に基づいて論評を加えたにすぎないとした。

また、本件のような株取引によって、わずか一か月で一億二千万円もの差益が太田さん側にもたらされたという事実は、日本の民主政治のあり方にかかわるきわめて重大な事実であるから、元旦の朝刊の冒頭を飾るにふさわしい記事であると反論した。

この事件で問題とされたのは、右のような記事が掲載されたときに、新聞社はどの範囲までの事実を立証しなければならないかということである。

つまり、アメリカと異なって日本の現在の法解釈では、このような名誉毀損の訴えがなされたときには、報道機関の側に記事が事実であることを立証する責任があるとされているが、それではこの記事が伝える事実は何か、という問題である。

仮に中曾根元首相の言うように、株の相対取引でわずかの期間で巨額の差益が出ていたことを基に、「巧妙な政治献金ではなかったかという疑いは消えない」と述べた場合に、政治献金であったことを立証せよと言われても、それは不可能に近い。もともと政治家の周囲で、株を用いた不透明な取引が行われているのではないかということは半ば公然と囁かれていたが、このような取引が表面化したのは今回が初めてであった。

しかし、政治家の政治団体の会計責任者とも目される人物が、一億二千万円の利益をどのように使ったのかということを、報道機関の取材にたいして自発的に明らかにするとはとても考えられない。この株取引が確認されたのは、有価証券取引書という「物証」が残ったためであり、これがあるために関係者も株取引の事実自体を否定できなかったものと推測される。そして、一般の場合には、株取引で得た利益がどのような使途に用いられたかについて、はっきりとした証拠が残ることはきわめて稀であろうから、証拠を基に関係者にあたるということはまず困難であり、事実上不可能である。

そうなると新聞社にできるのは、

（一）そのような株取引が一般に行われているか。（上場株式の相対取引はきわめてまれであり、一か月後の買い戻しはさらに不自然）

（二）取引によってどのような収支になったか。（政治団体関係者が巨額の利益をあげた）

（三）株取引の目的は何か。（宗教施設の建設というが確認できない）

（四）株購入の資金は何か。（資金の出所は不明である）

などという周辺事実を丹念に取材し、これらの事実を総合的に組み合わせたうえで、結局、この株取引はどのような性格のものと考えられるかを論じるということでしかない。そして、これは、本件において朝日新聞が行ったことである。

そのような取材をしても、なおかつ、「巧妙な政治献金ではなかったのか」という書き方は実際には「この取引は実際には政治献金であった」と理解されるから、新聞社は「株取引の差額が現実に政治家ないしはその団体に入金されたことを証明せよ」という中曾根元首相の言い分が認められると、このような事件で報道機関は訴えられれば必ず負けてしまうということになる。そして、裁判になれば必ず負けるというのであれば、報道機関として責任をもって報道するということはできないということになるから、結果としてこのような記事は報道されないということになる。

しかし、このような結果はおかしい。日本の最高の権力者であった人間の政治団体の会計担当者が、著しく不自然な形で巨額の利益を受けているという事実は、その政治家にたいして市民が評価を下すためにきわめて重要である。また、それにとどまらず、政治家一般について政治資金の規制のあり方がどのようなものであるべきか、さらに日本における株式取引にたいする規制の是非などについても、この取引は大いに参考になる。

つまり、この朝日新聞の記事は、市民と政治との関わりを考えるについて必要なものであり、アメリカで言う典型的な政治的言論である。このような情報は、できる限り自由に伝えられなければならないのであり、アメリカではこのような報道が、報道機関に「現実の悪意」がなければ名誉毀損とならないことはすでに述べたとおりである。

さてこのため、中曾根元首相の訴えにたいして、日本の裁判所がどのような判断を下すかが注目されたが、東京地裁は、一九九三年三月一九日、問題の記事が掲載されてから約三年後に判決を下した。

主文は「原告の請求を棄却する」。朝日新聞の勝利である。判決は、朝日新聞の記事には、差益金の帰属を具体的に指摘する部分はなく、「巧妙な政治献金ではなかったのか、との疑いは消えない」という評価的要素を含む記述がなされているだけであると指摘し、この記述は、太田・小谷間で取引がなされ、一億二千万円もの差益が太田側に取得されたという事実を前提にすれば、「一般通常人が当然かつ容易に抱く疑問を記述したものにすぎない」として、本件で朝日新聞が証明すべき事項は、記事に見える相対取引がなされたという点にとどまり、差益金がだれ（どこ）に帰属したかという事実は含まれないとしたのである。

そして判決は、相対取引がなされたという点について、朝日新聞の報道はいずれも事実であると認定した。

なお、この記事掲載後に判明した事実によれば、株式を購入した太田氏は、買い受ける株式を担保にして小谷代表から買い受け資金を借り受け、買い受けた株式を売却した代金の中からこの借入金を返済したものであり、太田氏自身はなんらの資金も有していないのに、差益だけを受け取るという形態のものであることが明らかになった。

これはまさしく「濡れ手に粟」と言うべきものであり、このような異常な取引がなぜこの二人の間でなされたのかを考えると、先に引用した朝日新聞の前記のような記述がますます正しいものと思われてくる。

いずれにせよこの事件は、元首相という最高の地位にあった人が、自らの周囲における不透明な株取引を明らかにした報道を名誉毀損であるとして提訴したものであり、この訴えが認められれば、報道の自由や日本の民主主義にたいして大きな脅威ともなりかねないものであった。

しかし裁判所は、報道機関の証明すべき対象は報道された内容に限られるのであり、言外の印象と言われるものまで立証する必要はないとして報道機関の証明の範囲を明確化した。これによって、この記事では報道機関が勝訴したが、原告（元首相）と記事の内容（元首相周辺の不透明な株取引）を考えれば、この結果は正当だったと言えよう。（この判決にたいしては元首相の側が控訴を申し立てたが、最終的には和解で終了したとのことである）

同じ元日付けの読売新聞が、一面トップで「中曽根元首相・キッシンジャー博士対談」を載せたため、両紙を対比させて週刊誌が騒ぎ、「朝日新聞は、読売新聞が中曽根復権を図ろうとするのを察して、疑惑報道をぶつけた」とうがった解説まで現れた。取材班にとっては中曽根氏の一面登場は、ただの出会い頭であった。

第Ⅲ章　二人の名伯楽「クニさん」と「リチュウさん」

次項の座談会の中で、調査報道が成功する上での重要ななポイントに、例えば社会部長、編集局長と言う立場の上司の資質が大きく係わって来る、との話がかつて調査報道で名をはせたつわものたちの一致した見解だった。始める時の記者の説明に、ここはしっかり押さえるように、ここははずさないように、と記者を信頼してアドバイスをして前向きに取り組み、スタート後の外部からの反撃や嫌がらせにもハテを決めて、取材チームをガードするタイプと、はなからもし相手から告訴でもされたらどうする、その情報は信頼できるのか、とかマイナス思考が先行して、相手が嫌がらせや反論してきた時には、と腰が引けてしまい、挙句には自己の保身を中心にまず考えるタイプ、さらにはぶつぶつ言ってばかりいるが、結果は協力するタイプがある、との話が出た。

その中で際立って第一のタイプだった上司が二人いる。ひとりは社会部長、編集局長もしてテレビ朝日の社長、会長を務めた伊藤邦男さん、通称「クニさん」、もう一人は経済部長、編集局長もして朝日新聞の社長、会長を務めた中江利忠さん、通称「リチュウさん」だ。二人の共通項は調査報道に対して深い理解があり、複雑化し高度に構造化された権力の腐敗に対して新聞がこれを追及していくうえで、調査報道こそがそれを解明し得る手段であるとの積極的な認識があり、取材班を常時支えたことである。

取材手引きに「調査報道」新設

第二部第Ⅰ章の中でも触れたが、日本の新聞の初の本格的な調査報道だった「公費天国」で一連のキャンペーン報道が一区切りした時、伊藤部長は朝日新聞記者の取材の手引書に「調査報道」の新しい一節を作ることを決めて、担当デスクだった筆者の谷にそれを作るように命じている。この手法がこれからの新聞報道の上で重要な大きな比重を持ってくることを見抜き積極的に支持したからだと思われる。

その予兆のような実績がある。朝日新聞名古屋本社社会部取材班が一九七四年一月の夕刊で一九回にわたって連載した「企業都市」は正月企画だが、内容は調査報道的な手法によるルポルタージュ記事である。これを立案して提案したのが、前年の秋に東京社会部デスクから名古屋社会部長に来たばかりの伊藤邦男さんだった。

「トヨタ自動車は、政府の庇護のもとに花形産業として発展してきた、高度成長の象徴といえる企業です。それをケーススタディーとしてとらえることが、日本の縮図となるのではないかと思って取り組んだわけです。豊田市は企業名を市名としているにとどまらず、トヨタ市の人脈や財政を支配しているという特異な自治体です。その一方、福祉、教育は貧しく、周辺の農村は破壊されています。文字通り日本の縮図です。ちょうど石油危機のおりでもあり、取材班は自転車で飛び回って取材しました。陰に陽に企業からの脅しがありました。『名前は絶対に出さないでくれ、わかれば圧力がかかる』という戸があちこちで聞かれました。会社の広報課はニコヤカでありますが、それより中へは十分には入っていけませんでした。内部では言論が圧殺されているのです。しかし、この連載に対しては、トヨタの元課長という人からの手紙など、多くの反響の投書が寄せられました」——以上は、一九七四年に日本ジャーナリスト会議が、この「企業都市」の連載に出したJCJ賞の贈呈式で、担当デスクだったこの本の筆者の谷が述べた挨拶である。

日本ジャーナリスト会議四〇年史刊行委員会刊「ジャーナリスト運動の軌跡・上」は挨拶文の紹介とともに選考理由を書いている。選考委員会は、いまひとつの受賞対象となった共同通信の連載「ああ繁栄」とともに「社会部記者の果敢な『企業取材』であり、企業側の取材拒否や一方的なPRなどさまざまな障害を乗り越えて『企業秘密』に挑み、一定の企業告発を果たし報道の自由、真実の報道の成果を上げたと評価した」と。

連載を担当したのは、遊軍長の内海紀章記者がキャップ、竹内宏行記者、地元の豊田市担当の泊祐輔記者が中心で、取材を始めた。最初トヨタへ挨拶に行くと、広報がドサッとパンフレットや公開している資料を積み上げ「すべてはこの中に書かれています」と平然としていった。まずはこの入り口から崩して入り込まねばならなかった。季節工としてトヨタ自工に勤め、工場日記を「自動車絶望工場」の本にしたルポライターの鎌田慧さんの人脈の協力も得るなどしてじわじわと入り込み、ラインで働く従業員の九〇％が疲労を訴えていることや、一万社を超すピラミッド型の下請けの不安、車から服、さらには家までトヨタライフで縛られる従業員一家の暮らしの現況、その一方で医療過疎や地域農業の破壊など生産第一主義の実態がルポで次々に明かされていった。

ちょうどこの取材を始めるのと時を合わせるように石油ショックが始まり、取材陣は取材の車のガソリンもままならず、寒風の中を自動車の取材をするのに自転車で走り回らなければならなかった。取材陣に中生康夫、松本行博両記者も加わった。

トヨタは本社からでなくトヨタ労組を使って朝日へ、このままだと広告を止めることになると広告部へ言ってきた。当然、広告部長からは社会部長や、さらには広告局長室から編集局長室へも話があった。しかし、この経緯は連載も終わり、しばらく経ってからの後日談としてだれからか聞いたが、伊藤部長からはデスクだった筆者にも連載中もその後も何の話もなかった。内海記者の話では伊藤部長は連載中に「この調子でこれからもいくのか」と聞いたので「そのつもりです」と言ったら「わかった」といっただけで、連載の内容については初めから終わりまでここをこうしろ、との話はなかった、という。

それから八年後の八二年、名古屋社会部は年間企画として「兵器生産の現場」という長期連載を一月から八月にかけてやった。これはこの本の筆者の谷が名古屋社会部長のときに「防衛論議は霞が関、国会のものではない、名古屋地方は三菱重工や川崎重工の航空機生産のメッカであるばかりでなく、兵器生産の集積地。ここにいる記者がその実態を知らなくてどうする」と、伊藤さんがかつて「トヨタをやろう」、と言った論法で始めた。トヨタ取材の時の中心だった内海記者はデスクになっていたが、プレーヤーも兼ねて再びキャップにし、桃井健司、藤墳富弥、高木新、横井正彦記者でチームを組み、防衛庁担当の青木公東京社会部員の協力も得た。これがまた「防秘の壁」「立ち入り禁止」「機密保持」「専門用語の壁」を一つ一つ乗り越え、穴を開けての取材だったので大変だった。が、「新幹線の名古屋駅で朝日の夕刊を買ったが、すごい連載ルポをやっていた……」との投書も来た。この連載もJCJ奨励賞を受けた。あと、朝日新聞から本で出版され、朝日文庫にもなった。

この二つの連載企画の間に、筆者は東京社会部デスクとして調査報道の「公費天国」の担当デスクを経験しており、時の東京社会部の部長は伊藤さんだった。二つのルポルタージュに調査報道的な要素を色濃く反映させることが出来、「調査報道」重視の伊藤さんへの恩返しが少しは出来たか、と思ったものだ。

山本博記者がいうには、三越ニセ秘宝事件の時、朝日のスクープに三越は朝日への広告を即刻、全面ストップする挙に出た。が、社会部長だった伊藤さんは「気にすることは無い。しっかりやれ」とむしろ逆にハッパをかけた、という。また、ある事件でかなりきわどい取材をするので、これからこうやる、と行く前に言ったら、「それは聞かなかったことにする、うまくいけばお前の手柄だし、失敗すればお前の責任だ」と言って、止めろということは言わなかった、という。聞かなかったことにする、というのは記者にとってはありがたいことである。事実上は「やれ」ということであり、仮に失敗して責任問題になったときには部長が逃げられないこともわかっているのだから、信頼する部下がやることには、ハラを括っている、ということでもある。リクルート事件のときは伊藤さんは東京編集局長だが、燎原の火のごとく事態が拡大して政界やマスコミ界に火がついても、激励はしてくれたが、記事内容に干渉するような発言はただの一度もなかった、とも山本記者はいう。

先述の「公費天国」キャンペーンのところで、大蔵省のカラ出張、ウラ金作りにふれている箇所で、担当デスクが局長室に呼ばれて行くくだりの部分があるが、この時社会部長の伊藤さんも一緒に呼ばれた。局長とのやりとりやその後の経緯は、その箇所で触れているから書かないが、伊藤さんは局長室から社会部へ戻る途中、デスクだった筆者に「取材中の皆には何もいうな、何でもなかったともいうな、いまは黙ってろ」といった。

部長会で「調査報道」を強調

中江さんが東京編集局長になったとき、一九七九年の新年の初部長会で、三つに重点をおいて話している。一つ目は構築ジャーナリズム。今までのただの告発ジャーナリズムでは読者が納得しないから論争的なものと提言を加える。二番目は調査報道。単発の特ダネも必要だけど、世の中が複雑になって、特に政治家、官僚、企業の情報操作がたけてきている時代になったから、それを打ち破りながら独自にチームを組んで調査報道的なやり方でやらないと特ダネも生まれないし、朝日の独自性も出てこない。やはり、読者の知る権利にこたえる最大の道は調査報道に徹することだ。特に新聞は歴史の証言者だという考え方に立って、歴史的なトレンドにかかわるものを掘り起こし、検証する必要がある。そのためにはデータ主義に徹することだ。三番目は読者とのフィードバック。人権意識が強くなってきているし、弱者の声、地方の声も、パイプを作りながら読者との交流を通じて紙面化する必要がある。以上を年頭所感として強調し、調査報道を重視していることがはっきりしている。

新聞としての初の本格的な調査報道となった「公費天国」キャンペーンは、結果として同じ年、中江局長の年頭所感に沿う形となった。

「公費天国」についてはのちにこう話している。連載の一回目で「横浜の料亭A」が官僚のよく来る料亭として出てきた。「A」は不特定のそれにしたのだろうが、「あいちゃ」とすぐわかった。私が横浜支局にいたころは小料理屋だったが、いまや大きくなって大蔵、通産、運輸あたりの中央官庁が東京から来て激しく飲んでいる。その実態を社会部が書いたのだが、それがきっかけで接待行政を自粛しようという動きで足が遠のいた。支局時代にたまに使っていたから、連載が終わってから何人かで行った。女将に何か文句でも言われるかと思ったら「中江さん、ありがとうございました」という。「どういうことだ？」と聞いたら、中央の人がみんないなくなっちゃって、地元は喜んでいる、という。地元の利用率が高まり経営がよくなった、と感謝され、おかしな具合だった、と。

何度も触れるが、「公費天国」で「大蔵省もカラ出張の疑い――水増しで裏金作り　幹部交際費などに流用」が朝刊一面中トップに大きく出る前日、社会部からのコメント取材を受けた大蔵の幹部たちが一斉に自分の知っている朝日の幹部あてに「紙面扱いを小さくしてくれ」と言って来た。電話を受けた幹部たちが編集局長室に連絡した。中江さんがこれらの話を受けて社会部長と担当デスクを局長室に呼び「何が出るのか？」と聞くと同時に、大蔵省からの要望電話のことも話した。話を聞いたデスクの谷が「そういう言い方で言って来たのなら、記事のウラが取れたのと同じことですね」と言ったら「そうだよな」と中江さんは言って、すべては終わり。中江さんがその後、紙面扱いを決める整理部にこの件で何かを言ったことも無かった。

山本記者が政商である小針福島交通社長の政界との癒着を追っているとき、中江さんは朝日の役員になっていたが、元政治部記者でテレビ朝日に移り政商たちにも顔が効く先輩に赤坂の料亭に呼び出された。行って見るとそこには小針もいた。その先輩がおもに話し、ひとことで言えば、記事は書きすぎだ、という内容だった。そのあと小針社長が、言葉少なによろしく頼みます、とだけ言った。中江さんは「お話は聞きました」とだけ言って引きあげた、とは中江さんから聞いた話である。山本記者の話では、取材中に中江さんから記事の内容や扱いについては一切何もなかた、という。

また、三越のニセ秘宝事件の際の広告全面ストップに際しても、編集局長として全く動じず、そういうことがあったことも取材チームには話を下ろしておらず、後に編集局長賞を出している。また、後に山本記者が伊藤律単独会見のスクープを書いたあと、律夫人が会見に至る経緯について苦情を言いに来たのだが、そのことを山本記者が知ったのは、中江さんとたまたま廊下ですれ違ったときにチラッと聞いたぐらいで、やはり編集局賞を受けている。

第Ⅳ章　座談会　新聞の危機と調査報道

座談会・出席者（敬称略）

田岡　俊次（朝日新聞東京社会部ＯＢ）
山本　博（同）
内山　幸男（同）
司会・谷　久光（同）

司会・谷　新聞の経営が崖っぷちに立たされている。購読者が減る一方で、広告収入も大きく落ち込んでおり、その原因はインターネットによるデジタル情報に、若年層を中心に活字離れが常態化し、広告がネット媒体に乗り換えているためである。この流れはさらに進む傾向にあるため、例えば朝日新聞社なども紙の新聞とデジタル朝日新聞との両立を図るなどの新戦略をスタートさせた。しかし、取材網の縮小や記者減らし、取材費削減など、背に腹は変えられぬ対策に苦慮している。これが、取材の総戦力に影響を及ぼす結果を招き、かつては「調査報道の東京朝日」と言われた「朝日新聞の調査によれば……」で始まる政官財の癒着による構造的な不公正、腐敗を暴くスクープも影を潜めている。しかし、新聞の取材力の低下は、日本の民主主義にとっての危機である。発生ものや当局の発表ものを書くだけではネットのたれ流す情報と変わらない。解説で勝負するだけでも、活字離れを防げない。ネットとは質の違うインパクトのあるニュースを特ダネで出せるのは新聞であり、中でも社会部マターの調査報道こそ新聞の復権に欠かせない報道手法であると思う。きょうはかつて社会部記者時代に調査報道全盛期の中核的な担い手であった、つわもの三人に集まっていただいた。大いに語ってほしいと思う。

新聞とネット

山本　新聞の危機と電子媒体との関係、それと調査報道の位置づけ。そこから始めたらどうですか。新聞の危機でいえば、ロンドンで新聞のオーナーの世界会議があって、NYタイムズのザルツバーカー氏が、もう紙はなくなると断言した。それを読んだとき私は非常にびっくりした。アメリカのネットと日本のそれとはだいぶ違うのだろうけれども、日本におけるネットは、それによって新聞が危機だという面はあるかも知れないが、しかしネットではやれないこと、紙の新聞でしか出来ないことがまだまだある。それは大阪社会部がやった大阪地検特捜検事のえん罪事件(註1)のスクープの例が示している。テレビが始まった時に新聞にとって大変な危機だ、と言われたけれども乗り切った。なぜかと言えば、テレビはエンターテイメントだから。ＣＮＮみたいなのは日本にはない。日本ではニュースまでもがエンターテイメントだ。じゃあネットはどうなのだろうか。

田岡　ただ私は、乗り切れたということがいいことかどうか疑問に思いますがね。日本のテレビのあの質の低さというのは、また大変なものだ。エンターテイメントのために、視聴率を稼ぐためだけに作るでしょ。

内山　民放の場合は、極端に言えば全部作り物。専門記者はほとんどおらず、外部の人を呼んできて適当なコメントをさせて済ませる。記者を育てていない。

田岡　でも、いい人材もいますよ。テレ朝の記者と話したら、さすがすごい競争率を勝ち抜いただけあって優秀だな、と思うのが多い。でも結局、管理職要員みたいなことになってしまう。

山本　ＮＨＫニュースを見ても本当に見る必要がないね。ＮＨＫのニュースで、おっ、特ダネ、とびっくりして追いかけなきゃ、というようなことは絶えて久しくない。

田岡　ＮＨＫの特集ではある。

山本　ニュースはダメなんだ。他の番組では非常にいいものをやるんだけれど。やっぱり紙の新聞がまだまだ日本では十分に生き残れる余地があるんじゃないか。

田岡　確かに。ネットで大特ダネというのも聞いたことないものね。

山本　アメリカのネットは試みているようだが、日本のネットは自分で取材網を持っていない。何も。だからネットというのはものすごく安上がりに制作できる。広告費ももともとコストがうんと安く出来ているから、それで成り立っている。逆にいえば、そういうネットならば新聞の危機ではない。

田岡　少し前、イラク戦争中の裏の話をネットが暴露したのがあった。あれなんかは昔、NYタイムズやワシントン・ポストがやったのと同じで、ペンタゴン・ペーパーズみたいなものがダーッと出るような。

山本　それけアメリカのネットでしょう。だからザルツバーガー氏が言うように、新聞にとっては非常に危機的な存在であって、新聞そのものがネット化を目指すことになる。日本のネットがアメリカのネットのように自前の取材網を持つということになると、今度はものすごくコストがかかるよね。安い広告費では運営も経営も出来ない。だから、日本ではネットによる新聞の危機と言うものを乗り越えることが出来るのではないか、と思うわけだ。

谷　アメリカでは新聞媒体が連合して新しいこと、電子化を始めようということでやったが空中分解してしまった。だから、アメリカでは記者の大整理が起きて、それから廃刊になったりしている。解雇された記者の中で有能な記者たちが、財団の寄付を得てNPOを立ち上げて、それが調査報道だけをねらう新たな媒体になっているようだ。だから今までの新聞とは違う形の報道形態が始まっている。ワシントンでは政治だけにセグメントされた新聞が新たに発行された、との話も聞いた。

田岡　結局、媒体として紙であろうが、テレビであろうが、インターネットであろうが構わない。媒体なんだから。ただ、記者という調べてくる人間がいなければならない。

山本　だから、日本のネットはそういうシステムになっていない。結局、大阪地検の件も、朝日の鹿児島総局がやった志布志の警察のえん罪事件(註2)も、ああいう調査報道のスクープなどは日本では、まだまだ新聞にしか出来ない。

内山　新聞が持続可能なメディアかどうか、というのは、実際にいま経営で落ち込んでいるから盛んに言われているけど、記者がいなければニュース報道は出来ない。

谷　ただ、われわれのいた時代とは変わって、取材費でさえもかなり厳しい状況だと現役はいっている。読者もどんどん減って部数が減ってくる。それにみんなネットで無料のニュースを読む時代になった。ことに若い層で顕著だ。要するに世の中が、そんなに深い内容を要求していないとも取れる。ニュース素材そのものはタダではない。記者が労力をかけ、お金をかけ、時間をかけて書いている。でもそれをａｓａｈｉ・ｃｏｍは全情報ではないにしてもタダでネットに流して来た。これは電子新聞に吸収されるようだが。新聞を読ませる誘い手のつもりなんだろうけど、新聞の首を絞めているのではないか、とずっと思っていた。新聞を読もうとする人がますますいなくなって、収益がさらに落ち込み、取材も出来ないことになってはおしまいだ。だから、ネットでのニュース提供にある程度のお金を取る新しい電子新聞との併立を朝日も始めたが、でも、山本記者が言うように、日本では、調査報道などは、いまいる新聞記者の能力や取材のノウハウが絶対に必要と思う。

内山　電子媒体だけ、としての弱みは広告収入を新聞のようには期待できないということだ。印刷もなくなりコストはすごく安くなるが、紙から電子への切り替えがうまくいくかな。情報調査会社みたいになって生きて行けたとして、現実的にはその過渡期が非常に難しい。いっぺんに紙も、紙の読者もなくなるわけでないし、その切り替え時期に記者を抱えた新聞社がうまく乗り切れるか。紙を捨てて電子媒体になるには恐らく一〇年とかそれぐらいのスパンで考えないと。過渡期で部数が減ると、ますます高コストになる。ある地域が何万部以下になったら配送費だけでもがたがたになるだろう。

田岡　しかし洋服が入っても呉服屋も少しは残った。西陣は残っている。

内山　それは伝統芸能、趣味の領域。そういう次元でいえば、さっき出たＮＰＯに支えられた記者集団というのが、日本でもきっと出来るでしょう。それが過渡期だけでなく新規の記者を入れて、それを訓練して永続的に出来るかは非常に疑問だ。ＮＹタイムズの記者がいまや年俸五万ドルぐらい。円高ドル安を考えても、優秀な記者をつなぎとめられるか。だからどんどん辞めていく。

谷　移行過程としてみて、日経の購読料の上に一〇〇〇円上乗せの電子新聞は成功しているのかな。電子版だけなら四〇〇〇円だ。朝日は電子版だけなら三八〇〇円。新聞購読者が電子版も取ると、日経と同じ一〇〇〇円の上乗せ。さてどうなるか。

山本　電子版がスタートしたあともａｓａｈｉ・ｃｏｍはゼロ円のままが続いた。なんで、記者が取材したニュースをタダで流すのか、と思っていたが、やっと電子新聞と統合されることになった。もっと相当早い時期に当時の社長にアメリカでいま起き始めたことが早晩日本でも起きますよ、今から対策を、と直で言ったことがある。その社長は担当役員を決めて始めたが、健康や人事の関係で、後の人たちがａｓａｈｉ・ｃｏｍにしてしまった。これで新聞が首を締められたのは確かだ。タダでニュースが当たり前、にした。

田岡　朝日でなくてもどこがやっても新聞読者はそっちへ流れて同じことでしょう。

内山　テレビに対して新聞は、いつでも反復して見ることが出来る、容量的にも圧倒的にニュース量が多いという利点があった。でもネットはこの双方をクリアしてしまった。だからラジオ、テレビに対して新聞が優位性を保てたが、ネットには通じない。さらにいえば、新聞を隅から隅まで読むと何時間かかるか。最短でも一時間はかかる。それを斜め読みして自分の関心のあるもの、関心を持つべきものを探して読む時間は二〇分より少ないでしょう。また、ぎゅうぎゅう詰めのニュースを日々必要としているのは一体どういう人かといえば、高級官僚、管理職、企業の管理職、学校の管理職クラスの先生など社会のリーダーたちで、購読者の何割いるのかな。

谷　そういう意味で言うと、大学などでマスコミを目指したいという学生に話をしに行くと、新聞を読んでいる、という学生もどこまできちんと深く読んでるかは疑問だ。インターネットで世の中の動きをとらえることは日常化している。一般的には週刊誌もテレビのワイドショーもネットも一緒で、新聞が果たしている役割を座標軸で正確にとらえている若者は少ないのではないか。だから調査報道の話などをすると、新聞の役割の重要性に初めて気づく。

田岡　それはエリートに至るまでそうだ。この前、旧財閥系の企業グループ各社の情報企画担当幹部たち、まさにグループの参謀本部の会議に呼ばれて、中国の軍事力の話をした。中国のそれが急に伸びているように言うが、日本も高度成長期の二〇年間をとれば一六倍程に増えているし、台湾は三〇数倍、韓国に至っては名目だと一九八倍。どの国でも経済が急成長すれば、それに連れて軍事予算も増えるのは当たり前、といったら、そんな話今まで聞いたことも読んだこともない、なぜ新聞に出ないのか、というから、書いてますよ、と。といっても彼らが読んでいないか、覚えていない。

谷　いま新聞記者を目指そうと言う若者たちは、民主主義のためにあくまで真実を追及するという問題意識のようなものは持っていないのかな。

山本　やはり強調したいのは、新聞がネットに押されて経営上の危機に陥っている時にこそ、ネットには記者がいないことを再度認識して、新聞にしか出来ない特ダネをいつも心掛けて情報を収集し、独自に調査して問題意識をはっきり持って、社会の公正のために報道していくこと。これが新聞が世間から、読者から「やはり新聞が必要だ」と再評価され、ネットの脅威を乗り越え得る唯一の手段だと思う。調査報道こそが新聞復権、再興のための道であることを強く言いたい。

調査報道あれこれ

谷　では、これまでのさまざまな調査報道をめぐっての体験から「朝日新聞の調査によれば」との書き出しで始まるスクープの取材がいかに大変か、思い出すまま話してください。具体的な各ケースについては、この本の中に別の項で収録してある。

山本　鹿児島総局でやった志布志のえん罪事件は調査報道だが、大学を出たばかりの記者がほとんどの小さな総局でこの報道をしたのだから、これはすごいことだ。公費天国は田岡記者が遊軍席にかかって来た一本の電話への対応を誤らず後につなげる手立てを即断で決めたこと。最初の端緒への記者の判断と処置、これが極めて重要だ。

田岡　私は公費天国のキャンペーンは当初頭になかった。鉄建公団の組織ぐるみカラ出張、書類の改ざんの資料を握っていたから会計検査院と協力して調査した。手堅くきれいにまとめるつもりで公団総裁の首を取って終わりにするつもりだった。

谷　ところが山本記者が、霞が関に蔓延している積年の病根を、これをきっかけに追及しようと、田岡記者の特ダネの連打に合わせて「公費天国　タカリとムダの構図」という内容がどぎついニュース性の高い続き物を企画、提案して援護射撃をした。連載は調査報道のとき力になるね。

山本　担当した谷デスクが、田岡が火をつけて山本がガソリンをぶっかけた、といったけれど、私はずっと霞が関の悪弊をいちいち字にはしないけど、データは山ほど持っていたから。政府は増税を言っているのに、国民の税金を不正に使っているのだから、機会を逃がさず問題提起したわけだ。

谷　そうしたら、役人の良質な人たちからわっと内部告発の投書や電話が殺到した。これで特別取材班が生まれ、ついには大蔵省を官官接待する実態、さらには大蔵省の裏金作りまでたどり着いた。これはきっかけを有効に活用して戦線拡大が成功した。筑紫哲也キャスターがまだ、テレ朝の「こちらデスク」のキャスターの時で、社会部にテレビカメラを持ち込んで取材班の動きを放映もした。

内山　談合キャンペーンのときは、談合の結果を先に入手して、内容を手紙にして担当の役人に先に預けておき、談合現場も真近で監視して、入札が終わったところで、預けておいたデータと突き合わせて全部一緒、これで相手も認めざるを得なくする。こういう作戦は随分考えましたよね。

田岡　旧財閥系建設会社から鹿島建設に宛てたお願い文の内部文書は、それより前に「談合と言われるけど実際は弊害を防いでいる面もある」と苦情をいってきた。言い分をずっと聞いてあげていたら、そのうちこちらに協力するようになった。それで内部資料を全部送って来てくれた。

山本　これで、土工協の談合を取り仕切るトップに一気に迫ることが出来、この文書で相手は完全に認めざるを得なくなり、組織も解体した。三越のニセ秘宝展のケースなどは、最初に朝日新聞がニセ物と書いたのだから、証明しなければならない。だけど、美術品の真贋論争というのはすごく難しい。すぐに翌日、三越の岡田社長が社に乗り込んできて、広告を全面ストップする、記事は全部ウソだからお詫びして訂正しろ、といってきた。これがニセ物と証明するのはすごく大変な仕事だった。そうしたら、ニセ物を作った奴が内部告発して来て、オレが作ったというわけだ。調査報道というのは真実だと内部告発者、協力者が出て来るんだね。

田岡　ロッキード事件の時、シグ片山というのが、ユナイテッドスチールという会社を東京でやっていて、ロッキードのためにいんちき領収書を作っていたが、当初誰が領収書を作ったか分からなかった。日本画の隅に押すような変な印が押してあった。丸紅本社に近い丸の内の印章店だろうと目星をつけて聞き込みに行った。社に帰ったらその店員から電話があって、調べたらあれはウチで売ったし、他の押されている印もウチで作った、と早々と協力してきた。それで発注者のシグ片山やその会社が分かり、ロサンゼルスで彼と会って東京へ連れて帰った。だが、調査報道の特ダネは整理部が不安になって、最初は一面トップにしないことが多いよ。鉄建公団の不正経理も、一発目の特ダネは朝刊一面の中トップ五段見出し。

山本　その日のアタマは何かというと、参院選あす告示、の掲示板記事だよ。

田岡　調査報道は続報から大きく扱われる傾向がある。だから、次々に夕刊、朝刊と連打するプランを最初から用意して、他紙が追っかけても次々にトップになるようなカードを切っていく。

山本　連打が効く。

田岡　公費天国のとき、途中でちょっとネタ切れになって「投書続々」という記事をつなぎで出したら、ますます投書が殺到した。

谷　関係者や読者が、朝日は本気で追及をやる気だなと思うと、日頃から、これはおかしい、いけない事だと考えている人たちが一斉に立ち上がるんだ、と思ったよ。

山本　中曽根元首相の金庫番が株の相対取引で大儲けしたスクープでは、中曽根氏本人から裁判を起こされ、結果は勝訴するのだが、相対取引の書類のコピーを持っているから書けるんで、しかも他紙は追いようがない。その意味では一人旅の覚悟が要る。これがまた調査報道の調査報道たる所以だ。

谷　結局、端緒があって、ものすごい量の基礎資料を集めて、それから標的を絞り込んで、全体のチャート図を描く。そして着手。

内山　要するにスジ読みですね。

山本　もう一つ大事なのは、裁判になったときに取材ノートが一添書類として提出できる。中曽根氏のケースでもうこんなにある取材データ全部を出した。全面勝訴するんだが、例えばテープがないときには、そういう物証を残して置かないと大変だ。

内山　チームでやる場合、スジ読みでは、これは恐らくこういうことなんだ、過去にやったことはちゃんと頭に入れて置く。だから、お前はこのストーリーの中のこの部分を固める役目になるんだよ、と。いま固まっているのはここだけだ、ここを固めれば多分こういう事実があるから、と。積み上げていくとスジとは違ったデータが来て、また証言を集めて何回も何回も書き換えて確認した事実を増やしていく。チームと言っても基本は少数精鋭だ。

田岡　調査報道って、自分の担当していないフィールドでやることが多い。その場合、人間というのは意外にここぞという時は正義感をみんな持っているもので、いまあなたがしようとしていることは社会正義のため、税金を払っている国民のためには正しいことだ、と強調すると本人が同じ土俵で必死に協力してくれるものだ。

山本　最近までは常設の調査報道班があって、そこに社会部のほかに政治部や経済部の記者を入れたらナンセンスなんだよ。例えば政商だった福島交通の小針氏の動きなどは、政治家と小針氏のつながりの面から政治部記者はずっとみていて知ってるんだよ。だけどだれも一行も書かない。

谷　そもそも調査報道をやる組織が常設で存在していること自体が意味がない。まして政治、経済記者が入っているのでは機能しない。だって、政官財の癒着、不正を暴露するのが調査報道の主眼だよ。

山本　そう。政治部と社会部の取材の役割は明確に分かれているのだから。中曽根氏側に一億二千万円あげた人物と、中曽根氏が日頃からどんなに仲がいいか、中曽根番の記者はみんな知っている。

田岡　書けるほど知っているかどうかは疑問だけどね。

山本　われわれはゼロから始めて行くわけだから。でも政治部からの妨害は一回もなかったよ。でも、二、三回連打したら政治部長が来て、今日も出るのか、と。

谷　だから編集局レベルで、特別取材班を常設すると言うのは、たとえば企画報道室の機能のような部際間ニュースやテーマに各部の精鋭をそろえて、単発ものの連打や企画を連載するのなら大事なことだが、調査報道は社会部記者がつかんだ構造悪のネタを少数精鋭の社会部チームが徹底追及し目的を遂げたら解散、という取材スタイルなんだよね。

山本　調査報道は、極端にいえば社会部しか出来ないというのは、例えば経団連という組織はこれは自民党の金庫なんだね。経団連が日本中の企業からお金を集めて、選挙のときなどにどさっと自民党にあげて来た。だけど経済部はこういうことに立ち入っては書かない。だから社会部記者が日頃から回ってネタを集めていなければならない。そして、ネットではこういうことは絶対に出来ない。

谷　公費天国の取材が一段落した時、伊藤邦男部長が、記者が皆持っている取材手引きに「調査報道」という一節を加えるから、お前書け、といわれて八項目の取材上はずしてはならない要項を作った。ここのメンバーにも見てもらって。それは、公費天国が日本の新聞の初の本格的な調査報道だ、これからも必要な新たな取材方式だ、と伊藤さんが卓見を持ったからだろう。いまはその後、皆さんが実績を積み上げる中で内容が補強されているが、八項目は変わっていない。その内容を改めて見ても、ネットが真似しようにも出来ないことだ。

山本　動かぬ証拠と、そして本人の直接証言と、この二つは必須条件だよね。それと録音を取るには相手の承諾を取った場合のみ、と社は内規を作っている。相手に断りなしに録音したテープの、その後の扱いをめぐって問題が起き、記者が退社に追い込まれたケースなどがあってのことだが、悪い政治家のところに行ってインタビューする時に、あなたはこういう悪いことをしているだろう、と聞く前に、テープを録っていいですか、と聞くのかね。いいというわけがないでしょう。公権力の人たちは、平気でいつもウソをつく。リクルート事件では、取材の全員にテープを持たせた。裁判で争うことになった場合は、取材メモも証拠にはなるが、テープの方が証拠能力は高い。

谷　さっき出た志布志の事件だけど、社のデータベースセクションで調べたけど、東京の新聞にはほとんど載っていない。志布志がこういう事件だったのか、朝日がこういう調査報道をしていたのか、との全貌を知ったのは事件収束後に取材班が朝日新聞出版と岩波書店から出した本からだ。西部本社が、鹿児島県版扱いにして全国にニュースを的確に送っていなかったと思われる。少なくとも地元の本紙社会面でやるべきだと思うよ。

田岡　そうなんだ。大阪地検の特捜検事のえん罪事件での大阪社会部のスクープはもちろん立派だが、志布志事件に比べれば取材は容易、安全だ。えん罪だ、との判決の後で、相手はすでに十分傷ついていた。深手を負って倒れている敵の首を取った形だ。しかも検事が被疑者側に証拠を渡している。

山本　女性の同僚検事が全部しゃべっているしね。

田岡　裏取りという点では、志布志の場合は判決の前だし、技量としての難しさはすごくあったと思う。

谷　志布志も警察だが、大阪の場合は特捜検事で、構造悪を暴くのが仕事の、権力を持つ人間のえん罪だから、大きなスクープではある。

山本　やっぱり県版ではダメなんだよ。本紙でやらないと。リクルート事件のときも、警察がやめたものを、てんな独自取材でやるなんて、どうしても山本がやりたいというなら神奈川県版でやれ、と本社の上はいうんだよ。あれ、もし県版でやって終わりになっていたらリクルート事件はないんだ。だから本社のデスクを選んで、高木敏行デスクに、圧力が来るから頑張ってよ、といった。高木デスクから電話があって、来ました、県版でやれ、といわれたけどはね返してやった、と。横浜で出来たことが、鹿児島でも出来た。これはいい例で全国どこの支局でも出来る。最近の地方の問題でいえば、小沢氏の地元の天の声で負けた業者のところへ本社の遊軍が日参して行けば、何が出るかわからん。本社もそういう動きをしなければいけない。

調査報道と日頃の取材

内山　何を以って調査報道と言うかですが、支局の時、ある発掘調査があった。半年ぐらいたってその担当者に会ったら、発掘で出たもの全部泥棒に盗まれちゃった、という。で、その担当者は警察に届けたら教育長にすごく怒られて、「もう出て来ないものなら事件は解決だ」と被害届を取り下げさせられた。警察に聞いても「事件は解決しました」という。それで現地のお巡りさんに、盗まれた物は帰って来たの、と聞いたら、あれっきりですよという。さらに詳しく調べて全部記事に書いた。教育長は辞めなかったけれども県議会で謝り続けた。これはごく普通の取材だけど、独自調査で報道している。当時は調査報道なんて言葉もなかったけれど、調査報道との距離はそう遠くないと思う。

谷　私が名古屋の社会部長だった時、遊軍の守屋俊彦記者が、現職知事の前回選挙の時に、政治団体が企業から金集めをする際に、県の現職部長に企業担当を割り振って、たとえばトヨタは何部長、中電は何部長という具合にだ、各人が責任者でカネ集めをした。その全リストの生資料のコピーを持って来た。佐柄木俊郎デスクが行政担当だったので、徹底した裏取りで朝刊一面を狙って出した。

これは東京を含め四本社通しで一面アタマになった。これなども、守屋記者は日頃から泳がせておくととんでもない話をつかんで来るタイプだったが、まさに調査報道的な日常ニュースだ。県の体質をえぐろうかと思ったが、オリンピック誘致に、市長よりも知事が指揮してソウルに負けたためレームダックで次は立たなかった。

田岡　調査報道と普通の取材とが違うのは、普通の取材は自分の持ち場がある。よく事情を知って、人脈も十分あるわけだ。調査報道の場合はアウェーのゲームになる。でも、取材する根本のやり方ではホームもアウェーもそんなに違うことはない。

山本　でも、調査報道は、政治家や役人や関係する業界が、新聞を怖がる。新聞が怖がられなくなったらおしまいだ。公権力が怖がることが、年に一、二度でいい、新聞で連日のように出たら、読者は新聞を必要とするでしょう。そんなことを日本のネットがやれるわけがないんだから。それと、日頃の取材と言うことでは、記者クラブ制度はよく批判されているが、国家権力を回って、きちんと取材を重ねていることが大事なので、クラブ制度はものすごく大事だと私は思う。クラブをちゃんと回っていると、いろんなことがよくわかる。そこではいちいち書かないけど、あ、そうか、きょう夜回りをしたとき、局長がすごく不機嫌だったのは、さっきまで料亭で、床柱を背に威張り散らしていた大蔵省の役人の接待を終えて帰宅したばかりだからか、などのデータがメモでは積み上がっていくわけだ。公費天国での打ち漏らしは外務省だ。社会部が外務省にはいない。社会部を遊ばせておけば、通常のニュー人は、政治部、経済部が書くが、裏のデータを常に集めておくと、いざと言う時に使える。

谷　私は企画事業を担当した後、文化活動担当の編集委員を務めたが、外務省の文化交流部からは政治部、経済部が見向きもしないネタで随分書いた。アンコール遺跡の国際的枠組みでの保存修復の予備会議を日本でやったりしたのも。それとODAの決定のプロセスや予算の使い方などのデータも持っていた。JAICAなども回った。山本記者が言うように、ODAは調査報道の対象になりそうだな。

田岡　私は最初の支局が佐賀だったけど、地検の検事と仲良くなった。それは、新聞社に合格が決まった後、入社までの約半年間で「刑法各論」とか「判例集」をがっちり読んで、検事と、あなたは、こういっているけれども有罪をとれるか、こういう判例があるよ、とか議論をするわけ。そうすると、「実はこういう供述もあるんだ」といった話になる。で、非常に親しくなり、こちらが何かを聞き込むと検事に電話すると調べてくれて、この辺まででいってるが立件はどうもダメらしい、とか電話してくれた。

山本　それとは対極の話だけど、斎藤鑑三記者がものすごく嘆いていた。毎週出ている別刷りの特集ページの取材班が、ネットから情報を取って、しっかり裏を取るでもなく記事を作っている、と。記事にする前に会いにも行かないし、取材に行かないんだって。

内山　ホームページを見ただけで書いた記者がいた。記事になるまでの間に内容が変っていて、抗議が来て、削除されました、いまは変えていると書いてある、と。

谷　調査報道どころか、日常の取材環境は一変してるね。ナマのニュースのスペースが狭められてハコものがのさばっている感じはここのとろ持っている。また、経営面から来るスリム化なんだろうが、センターやグループなど機構いじりや名称変更など、これでは士気にも影響を与えるのではないか、とも思う。当初目指した機動性がなく水ぶくれしている、とのベテラン記者の声も聞かれる。このところ、また元の使い形に戻しているようだけれど。

山本　要するに新聞の雑誌化だね。取材の原点に影響を及ぼすことがあるのではないか。

内山　記者に余裕が必要なんです。

田岡　内山記者がいったゆとりの話だけど、余裕を作る方法はいくらでもあるじゃない。いまの大所帯の部隊は再編されたらしいが、締め付けていないで、遊軍として各々が各自で取材した方がよっぽど活きのいいネタを取って来るんじゃないか。

山本　要するに面白いネタを取って来れば紙面は変るんだ。それなら、ネット時代にも生き残っていける。新聞は特ダネで生き残るしかないんだよ。

内山　ネットだっていいんだけど、要するに人を育てて、それだけの取材費を出して、特ダネを含む良質の新しい情報を発信して、それでネットが賄えるということが成り立つには有料にしないと出来ないよね。その面では、まだまだ新聞にはとても及ばない。

谷　でも、いまいる紙の新聞記者の足腰が弱くなっては、元も子もない。

田岡　それが、記者だけじゃないみたい。外務省でもそうらしい。他省庁の言い分を素直に聞く。そんなことで主計局の仕事が勤まるか、といっていた。

山本　さっきから出ていることだけど、やはりナマのネタのスペースを広げて、記者が自由闊達な活動が出来るようにすることが緊急の課題だね。記者が特ダネを書いて来る日常を作るのが報道局に対する経営者の責任だと思う。もう一度いうが、ネットには記者はいない。そして、社会部記者の復権が大事だ。日本の民主主義のために、政官財が癒着して起こす巨悪を、常に監視して、隠された腐敗や不公正を暴く調査報道を復活させなければならないと思う。それだけが紙の新聞が生き残っていける道だと信じている。原発震災を受けて、原子力村への日頃からの追及でも同じことがいえる。

谷　はい。結論が出たようです。記者も経営危機をハダで感じさせられる辛い時代で、デジタル新聞と併立の時代に入った。でも、日本ではネットは記者を持っていない。だから媒体が併立になろうとも新聞記者が特ダネを書かなければ言論が死んでしまう。きょうはありがとうございました。

（註1）　大阪地検特捜部の主任検事が、郵便不正事件で押収したフロッピーディスクのデータを、厚労省の局長が事件に関与した、という捜査の見立てに沿うよう改ざんした、と朝日新聞大阪本社社会グループがスクープ。特捜検事のえん罪として最高検が捜査、主任検事を証拠隠滅容疑で、前特捜部長と前副部長を犯人隠避容疑で逮捕した。二〇一〇年度の新聞協会賞（編集部門）を受賞、「すぐれた調査報道」と高く評価された。

（註2）　二〇〇三年四月一三日投開票の統一地方選・鹿児島県議会議員選挙で当選した志布志町（当時）に住む県議と妻、集落の住民一一人が、焼酎や現金の授受があったとして公選法違反容疑で鹿児島県警に逮捕、起訴された。四年後の二〇〇七年二月二三日、鹿児島地裁は、唯一の証拠とされた供述調書の信用性を否定、一二人全員（公判中に一人病死）に無罪判決を下した。検察側が控訴しなかったため無罪が確定した。朝日新聞鹿児島総局は、入手した内部資料をもとに、警察のでっち上げを暴露する調査報道による特ダネを連打し、キャンペーン報道を行った。二〇〇七年度の「石橋湛山記念早稲田ジャーナリズム大賞」（草の根民主主義部門）と第一三回「新聞労連ジャーナリスト大賞」を受賞した。

あとがき

東日本大震災から一年余が経った。この本を書こうと決心がついたのは、震災のあと、仙台市の三陸自動車道から海側の津波被災地に立った時だ。自動車道をくぐるトンネルを抜けると、そこはまさに地獄であった。海まで約三キロの幅で視界の一八〇度が、全て津波に粉砕されている。海までの間に高い土地は一ヵ所もない。辛うじて残るビルや工場もがらんどうだ。

同じような津波被災地が延々五〇〇キロも続き、それは東京から大阪の距離にあたる。そしてこの中に、福島第一原子力発電所も含まれている。地震学者の石橋克彦氏が「原発震災」と二〇〇五年に国会で警告した事態が現実のものとなっている。

それなのに「原発震災」の現場と直近には、一人の新聞記者も入っていない。原発事故にかかわる全ての情報は政府と東京電力が発表している情報の垂れ流しだ。それはすでに問題視され始めていたが、津波被災地の現場に立った時、新聞はただでさえ経営的に崖っぷちに立っているのに、記者が、どういう理由にせよ現場を放棄して、歴史の証人になる第一次情報を取ろうとしていない、ルポもなければ調査報道もしていない、「これは歴史的な失態だ」と怒りを覚えた。新聞の経営の危機の中での取材の危機を書かなければ、との問題意識を持った。

あふれかえるはどある原発事故に関する紙誌と出版物の情報と、一方で過去に記事になった限られた数の調査報道の記事、文献の双方から、問題意識を持って必要データを抜き出し、「記者の眼」で書いた。引用箇所については、本文の中でその都度明記しているので、あとがきでの重複は避けた。

電子版の新聞との併用時代に入ったからといって、紙の新聞の記者が記事を書かないことには、電子版にも載らないのである。そして、調査報道こそは、民主主義社会における政・財・官・学の癒着や腐敗を監視する言論機関、中でも社会部記者の役割であることを再確認して、筆を置く。

一部の記述の中で（敬称略）が無い部分はお許し願いたい。この本の出版に際して、同時代社の川上徹氏、髙井隆氏、社会部OBの山本博氏にはとくにお世話になった。

本文中に登場している記者の皆さんには改めてこの場を借りて敬意を表したい。

二〇一二年四月

著者略歴

谷　久光（たに・ひさみつ）

1934年東京生まれ。57年学習院大学政経学部卒。同年朝日新聞社入社、名古屋スタートで主に社会部畑を歩き、東京社会部次長、名古屋社会部長、東京企画報道室長、企画総務、編集委員などを歴任。退職後は2003年まで故平山郁夫氏が主宰する（財）文化財保護振興財団専務理事。著書に「牛肉」「公費天国」「地震警報が出る日」（以上共著）「文化財赤十字の旗」（聞書き）。新聞の連載企画「企業都市」でJCJ賞、同「兵器生産の現場」でJCJ奨励賞を取材班として受賞。朝日新聞記者の取材手引書に「調査報道」の項を書く。現在、日本記者クラブ会員。

朝日新聞の危機と「調査報道」　原発事故取材の失態

2012年6月8日　初版第1刷発行

著　者　谷　久光
発行者　高井　隆
発行所　㈱同時代社
〒101-0065　東京都千代田区西神田2-7-6 川合ビル
電話 03-3261-3149　FAX 03-3261-3237
制　作　い　り　す
装　幀　クリエイティブ・コンセプト
印刷・製本　モリモト印刷株式会社

ISBN978-4-88683-724-0